莫尔特曼
希望神学省思

一位福音神学家的视域

〔加〕 区应毓◎著

中国社会科学出版社

图书在版编目（CIP）数据

莫尔特曼希望神学省思：一位福音神学家的视域／〔加〕区应毓著
—北京：中国社会科学出版社，2018.9（2021.12 重印）
ISBN 978-7-5161-4751-1

Ⅰ.①莫… Ⅱ.①区… Ⅲ.①莫尔特曼—神学—思想评论
Ⅳ.①B972

中国版本图书馆 CIP 数据核字（2014）第 208068 号

出 版 人	赵剑英
责任编辑	凌金良
责任校对	周　昊
责任印制	张雪娇

出　　版	中国社会科学出版社
社　　址	北京鼓楼西大街甲 158 号
邮　　编	100720
网　　址	http：//www.csspw.cn
发 行 部	010-84083685
门 市 部	010-84029450
经　　销	新华书店及其他书店

印　　刷	北京君升印刷有限公司
装　　订	廊坊市广阳区广增装订厂
版　　次	2018 年 9 月第 1 版
印　　次	2021 年 12 月第 2 次印刷

开　　本	880×1230 1/32
印　　张	7.5
插　　页	2
字　　数	192 千字
定　　价	38.00 元

目　　录

第三编　追索展示：莫尔特曼希望神学的示范

CONTENTS

Ⅱ. Methodological Analysis of Moltmann's Theological of Hope

Ⅲ. Methodological Demonstration of Moltmann's Theology of Hope

Ⅳ. Methodological Critique of Moltmann's Theology of Hope

CONTENTS   11

绪论　莫尔特曼希望神学的现代冲激

　　莫尔特曼在现代神学界，特别是第三世界神学界中甚有影响。虽然，没有出现所谓的莫尔特曼学派，他的思想却激发了拉丁美洲的解放神学，鼓动了北美的黑人神学，点燃了欧美的妇女神学。在某一程度上，约翰·默茨（Johann Metz）于20世纪60年代发展起来的基督教—马列主义对话，也是莫尔特曼的希望神学所引发的结果。进一步而言，韩国的"民众神学"和菲律宾的"草根神学"在历史和终末论的看法上都要归功于莫尔特曼。

　　有三篇莫尔特曼的神学文章，汉译本于1985年发表在台湾教会委员会主办的《台湾神学志》。这些文章涉及压迫、和解、自由和革命的主题。① 莫尔特曼于1992年到台湾，于马偕神学讲座发表演讲，讲稿收录于马偕纪念讲座丛书。② 2002年莫尔特曼第三次应邀赴台湾，在中原大学宗教研究所举行四场系列专题讲座，并于"莫尔特曼汉语神学"国际学术研讨会与汉语学界展开对话。2005年，他第四度应邀赴台，在台湾神学院发表演讲。

　　1986年，莫尔特曼被香港宗教文化研究中心（属于世界教

---

① 莫尔特曼：《基督教—马克思主义在欧洲的对话》，《台湾神学志》7（1985年3月），第117—127页；《和解的使命》，《台湾神学志》7（1985年3月），第103—115页；《上帝意味自由》，《台湾神学志》7（1985年3月），第87—102页。

② 《耶稣基督——我们的兄弟，世界的救主》，马偕纪念丛书2，1992，中译本，1994年。

会联会的分支）邀请，在那里作了关于他的最新书籍《创造中的上帝》①的演讲，内容涉及创造和生态学的教义。② 这次访问被登载于《突破》杂志的通讯中，他也接受《突破》③的编辑主任采访。莫尔特曼在基督教社会政治参与问题上产生很大影响。1995 年，莫尔特曼前往北京大学发表演说，题目有关他的近作《俗世中的上帝》。④ 2003 年，莫尔特曼应邀到中国清华大学讲学，那年他近 77 高龄。

　　对有关神学方法的文字考察展示研究莫尔特曼希望神学方法论的材料十分缺乏，其中更缺少西方或中国神学家以福音信仰的角度进行的研究。莫尔特曼的神学需要从福音信仰及圣经立场作出考察和评价，本书将对这一任务作出研究。方法是增加人的能力、提高人的极限、增快人的速度，并允许其他人得到相同的结论。因此，方法是达到目的之工具和手段；善用方法就如鱼得水般事半功倍，反之即会事倍功半。神学方法亦是如此，它是神学家用来建构其系统的程式、假设、原则和前提。故此，一个进行

---

　　① 莫尔特曼：《创造中的上帝：一个创造的新神学和上帝之灵》（*Gott in der Schopfung：ökologische Schopfungslehre*，Munchen：Christian Kaiser Verlag，1985；英译本 *God in Creation：A New Theology of Creation and the Spirit of God*，*The Gifford Lectures*，translate by Margaret Kohl，New York：Harper & Row Publishers，1985），基福文选，1984—1985。

　　② 《宇宙社区：在科学和宗教上一个新生态概念的现实》（*The Cosmic Community：A New Ecological Concept of Reality in Science and Religion*），《清风》29，1986 年夏，第 203 页；《在平衡和发展中寻求平衡》（*In Search of an Equilibrium of Equilibrium and Progress*），《清风》30，1987 年，第 5—17 页。这些讲演激起了自由派和福音派在绿色神学或生态神学上的兴趣。

　　③ 《突破》是一份在香港有效接触青年人的福音刊物。编辑主任 Sze Yuen Ng 关于这次访问写下编者按语，见《高接触》（*In - Touch*），1989 年 2 月，第 1—2 页。访谈中，访问者赞扬莫尔特曼的神学思想"精彩"。

　　④ *God for a Secular Society*，英译本，1999 年，中译本中国人民大学出版社 1999 年版。

神学思考的人所采用的神学方法，不可避免地会影响其神学的认知和陈述。莫尔特曼与其他神学家一样，持有分享当时的假设、原则、前提和范例相关的方法论，所以，为便于理解莫尔特曼的神学方法，我们必须了解他那个时代的方法论。

本书的写作目的是对约根·莫尔特曼希望神学之神学方法提供一个整体的阐述和神学的评价，让读者对一般神学方法及莫尔特曼的神学方法有所认识。奥斯威辛集中营的经历被选作表现莫尔特曼神学方法论的一个关键点，借此拉出一条历史线来讨论希望神学方法论的处境面，并以整体的手法来检视莫尔特曼的希望神学。奥斯威辛集中营是追本溯源的起点，然后以"历时法"（diachronic）和"共时法"（synchronic）进行追根究底的分析。"历时法"是沿着历史的时间线来申述莫尔特曼的神学发展，"共时法"即在同一时期中分析相关的题目。

全书共有四编，第一编追本溯源处理影响莫尔特曼方法论的因素，以奥斯威辛为关键。莫尔特曼的起点是"奥斯威辛后"基督教神学家必须回应这一悲惨事件。故此，笔者首先处理"前奥斯威辛"的方法论，四个主题被认定为影响莫尔特曼希望神学的重要因素：（一）现象学的哲学分析展示康德、黑格尔和海德格尔对莫尔特曼的影响；（二）社会学的神学批判揭示迪尔蒂、特洛斯奇和朋霍费尔对莫尔特曼的启发；（三）乌托邦革命的政治剖析显示黑格尔、马克思和布洛赫对莫尔特曼希望神学的影响，并从福音信仰的角度追踪评论其神学方法论的冲击；（四）终末的圣经研究启示格丁根学派（奥托·韦伯、汉斯·伊文和恩斯特·沃夫）的终末启示论和现代圣经学者（冯·拉德、茨莫里和恩斯特·凯曼）对莫尔特曼的启迪。再者，笔者对奥斯威辛事件和莫尔特曼的个人生活进行关联性研究。之后，笔者考察"后奥斯威辛"的方法论，借此发掘犹太人和基督徒对大屠杀的回应。两位犹太神学家理查·鲁宾斯坦和埃米·法肯涵被选作犹太人回应的代表；两位基督徒神学家被选作基督徒回应的代表，他们是耶稣会教士约翰·巴普蒂斯特·默茨和新教终末论神学家沃法特·潘能伯格。

第二编追根究底提出莫尔特曼希望神学方法的阐释，分为两章：第一章通过莫尔特曼思想的发展，用"历时性"手法处理他的神学方法。第二章通过其神学方法的主题研究，用"共时法"的手法来推演。四个方法论的分类和原则被鉴定出来，并分别处理：（一）辩证和解（辩证神学），（二）终末论神学（终末神学），（三）被钉十架的上帝（苦难神学）和（四）革命性转化（政治神学）。这四个分类的内容承接着莫尔特曼的神学方法中的动机和主题来申述，以便我们更确切和全面地理解他。

第三编追索展示莫尔特曼希望神学的方法论，借两个中心教义的讨论来进一步澄清其方法论。第一个教义是莫尔特曼的社群三一论，它关注"身份意义问题"，这是基督教的内在意义，针对在基督教信仰中三位一体教义的阐释。第二个教义关注"相关适切问题"，即基督教外在意义的神义论问题，它联系于基督教信仰在社会中与苦难的接触。每个教义都参考以上四种方法原则来申述，以表明莫尔特曼希望神学的实际成果。

第四编从福音信仰的角度追索莫尔特曼希望神学的神学方法论，对他的四种方法原则的每一种都仔细地进行批判；对莫尔特曼的正面积极贡献认可肯定，而负面消极影响即进行批判性的评估和回应。笔者试图回答莫尔特曼形上一神论所提出的一些问题，并对莫尔特曼神学方法的一些基本前提进行挑战，以论证莫尔特曼对形上一神论的攻击并不是对圣经和基督教有神论的攻击。莫尔特曼的神学方法是对以过去和现在为中心的神学，重新加上以未来为中心的定位和重新定义。他的纲要将基督教的信息集中在对世界的、俗世的、人的物质分配上。然而，一个整体神学方法应包括所有精神和物质、天国和世界、超俗和入俗、永恒和短暂、公开和隐秘、人的社会层面和个人层面。基督教是向"全世界"为"全人"讲解上帝的"全部真道"。

　　全书的结论指出疏离及苦难的人生所涵蕴的忧患意识。莫尔特曼是在第二次世界大战后对奥斯威辛的苦难作出神学反思。他以基督教线型历史观的应许与应验的立场反思历史，历史所展现的是一位被钉十架受苦的基督，借着他展示出上帝的悲情与恩情。从被钉十架的上帝，他感悟到上帝内在的三位一体真理。莫尔特曼尝试不用本体（ousia）的观念来阐释三位一体，他改用寓居（perichoresis）的社群概念来申述。如此观念可以将神人的疏离关系复和，并且不独是本体的复和，亦是经验的复和；使上帝可以与人在爱中契合。不过，若要跨越苦难的困窘，人必须以信心来夸胜；圣经所展示的真理就是义人因信得胜。

第一编
追本溯源:奥斯威辛对莫尔特曼希望神学的影响

第一章　前奥斯威辛的影响

　　神学总是在一个时代及一个处境中进行的，没有神学家在一个孤岛上工作。一位神学家的神学假设、模型、范畴和建构是在一个巨大文化处境中发展起来的，他或她可能会以采纳、转化或反对的方式来回应一些当代主导的神学方法。为理解莫尔特曼的神学方法，我们必须理解他那个时代的方法论处境，这个处境有助于显明莫尔特曼的方法原则。

　　奥斯威辛被选作莫尔特曼方法论的一个关键点，这是因为莫尔特曼的论点呈现出基督教的信仰在本质上是与一定生活情况相联系的。这不仅是他自己个人的历程，也是社会当时的实况[①]。奥斯威辛（Auschwitz）是希特勒用来根除犹太人的六个欧洲死亡营之一，四百万犹太人死于这些集中营，它们是在奥斯威辛、特里布林卡（Treblinka）、迈德尼克（Maidanek）、车尔莫（Chelmno）、贝尔兹克（Belzec）和索比伯（Sobibor）。本书主要以奥斯威辛作为人类苦难的象征。笔者尝试将对莫尔特曼有深厚影响的方法论分成三部分：前奥斯威辛、奥斯威辛和后奥斯威

---

　　① 莫尔特曼：《自传笔录》，《上帝、希望和历史：约根·莫尔特曼和历史的基督理念》（An Authobiographical Note, *God, Hope and History: Jurgen Moltman and the Christian Concept of History*），乔治亚。莫瑟大学出版社，1988，第 203 页。原刊发于 *Entwurfe der Theologie*，第一版，约翰·鲍儿编辑（Graz, Wien, Koln: Verlag Styria, 1985）。

辛处境①，然后在莫尔特曼的神学发展中追寻每种处境下所显示的影响。莫尔特曼的神学方法属于社会—现象学方法的一种形态②，这种方法所关注的是社会苦难和压迫的现象。对人性苦难的现象学和社会学分析构成了莫尔特曼神学方法论的出发点，奥斯威辛被用作这一处境研究的参照结构。

　　这一章探讨前奥斯威辛德国的哲学、神学和解经气候，从黑格尔的现象学发展到海德格尔（Heidegger）的存在主义、特洛尔奇（Troeltsch）的社会学、布洛赫（Bloch）的乌托邦主义、最后再到莫尔特曼的格丁根教师的终末论。每种论述的重点都与莫尔特曼的神学方法论连接来讨论。

第一节　现象学的哲学分析③

　　1948 年从监狱回到德国后，莫尔特曼在格丁根大学开始神

---

　　①　这个分类参照理查·鲁宾斯坦：《后奥斯威辛》（Rubenstein, *After Auschwitz*），印第安纳波利斯，1966。莫尔特曼在自传中指出这个事件来暗示鲁宾斯坦的工作。有关这个主题的进一步资讯，可参考约翰·默茨的文章：《后奥斯威辛的基督徒和犹太人》（Johann Baptist Metz, *Christians and Jews after Auschwitz*），《超越市民宗教》，第 29—50 页。莫尔特曼运用这一方法来指出法国革命是引起旧制度、上层建筑崩溃和新时代开始的关键点，所以在方法论上有前法国革命和后法国革命的区分（《希望神学：基础和基督终末论的含义》，英译：James W. Leitch, New York：Harper and Row Publishers, 1965, pp. 230—237）。

　　②　社会—现象学方法是穆勒创立的一个术语（J. J. Mueller. *What Are They Saying About Theological Method*? New York：Paulist Press, 1984, pp. 56—70）。穆勒描述了其他三种神学方法：先验方法、存在方法和经验方法。社会—现象学方法是本章讨论的主题。

　　③　现象学分析方法是一种宗教经历的描述。施莱尔马赫（Schleiermacher）称之为"意识神学"（Bewusstseinstheologie），巴特（Barth）称之为"基督徒的虔诚自觉沉思和描述"（"Christian pious self – awareness contemplates and describes itself", *Protestant Thought：From Rousseau to Ritsche*, trans. Brian Cozens, New York：Harper & Row, 1959, p. 338）。保罗·蒂利希说"神学必须在所有基本概念中运用现象学方法"（Paul Tillich, *Systematic Theology*, Chicago：The University of Chicago Press, 1951, pp. 1：118）。这一节回顾了现象学方法的发展和与莫尔特曼的关系。

学钻研①，所以有必要认识格丁根大学哲学与神学系的方法论。第一次世界大战前，有几所著名德国大学如格丁根和慕尼克，其哲学和神学系迎来了一群现象学哲学家，从 1913 年到 1930 年，这派学者出版了一系列归编为 *Jahrbuch fur Philosophieund Phanomenologische Forschung* 的现象学研究著作，其编辑是艾德蒙德·胡塞尔（Edmund Husserl, 1859—1938）。胡塞尔用现象学（phenomenology）这一术语来阐述哲学的现象学方法②，兹将现象学方法由康德到海德格尔的历史发展作一分析，以助理解莫尔特曼的神学方法。③

一　康德的"哥白尼式"革命

对现象学方法的研究可回溯到康德（1724—1804）的先验方法，而其出发点是对经验的批判性检验，在《纯粹理性批判》第二版的引言中康德指出："毫无疑问我们所有的知识都从经验开始。"④与洛克和休谟一样，康德对经验分析的开始阶段也坚持认定知觉的和内省的经验为哲学建构和解释提供了唯一可能的出发点。然后，他从分析经验到其假设，而这是形成先验方法的关

---

① 莫尔特曼在《被钉十架的上帝》中写道："自我开始神学学习以来，我就注意十字架的神学——这毫无疑问地回到我对基督教信仰和现实生活中的神学注意的时期，如同一名铁丝网后的战争犯。"（New York：Harper & Row Publishers, 1974, p. 1.）

② 艾德蒙德·胡塞尔：《笛卡尔沉思》（Edmund Jusserl, *Cartesian Meditations*, 翻译：Dorion Cairns, New York：The Hague, 1960）；《现象学思想》（*The Idea of Phenomenology*, 翻译：William Alston and George Nakhnikian , New York：The Hague, 1964）。

③ 这些关键人物的选择是基于他们对现象学方法的贡献和与莫尔特曼的联系。

④ 伊曼纽尔·康德：《纯粹理性批判》（Emmanuel Kant, *Critique of Pure Reason*, 翻译：Norman Kemp Smith, New York：St. Martin's Press, 1965, p. 41）。

键。① 康德认为经验从现实到其可能性具备一些必要的条件，这些必要条件构成经验的"形式特征"：它们分别是空间、时间、因果和其他范畴。这些范畴是先天性的，与经验的关系上则是先验性，此种先验范畴把感觉经验转换成可理解的纯粹理念。康德以这种方式融合了经验主义者对经验感觉的肯定和理性主义者的先天理念。

康德特别说："物质的所有外相给予我们后验性（a posteriori），它的形式必须为思想中的先验感觉预备好。"② 这样康德的方法通常被看作先验理想主义（transcendental idealism），实际上正是这种先验理想主义被康德描述为哲学中的哥白尼式革命。他把外部世界的客观现实转换成人类思想内部范畴判断的主观肯定。这些判断的主观肯定没有提供知识的内涵（康德称为"物自身"，noumena），而只是知识的表象（现象，phenomena），所以康德为认知或意识的现象学分析打开了道路。

康德的"哥白尼式革命"（Copernican Revolution）同样影响了现代哲学和神学。贝克（Beck）在对康德主要伦理著作的介绍中指出："你可以与康德进行哲学讨论或反对康德，但没有他，你不能进行哲学讨论。"③ 莫尔特曼试图挪走康德先验主义来重新陈述基督教信仰，他辩称："基督终末论不能同科学和现实的康德概念相和解。"④ 莫尔特曼把康德的方法描述为

---

① 舒乐把这种方法表达为"倒退"（regress），以同从前的理性主义者笛卡尔和莱布尼茨的前进的（progress）、演绎的过程作对比（Max Scheler, *Die Transcendentale und die psychologische Methode*，Leipzig：Felix Meiner Verlag，1900，p. 51ff. ）。

② 康德：《纯粹理性批判》，第 66 页。

③ 康德：《道德形上学的基本原则》（*Fundamental Principles of the Metaphysics of Morals*，翻译：Thomas K. Abbott，Indianapolis：Bobbs – Merrill Educational Publishing，1949，p. vii）。

④ 莫尔特曼：《希望神学：基督教终末论的根据与含义》，翻译：James W. Leitch，New York：Harper & Row，1967，第 69 页。

"先验终末论"①。他总结说："通过排除希望的终末范畴，康德不仅带来终末论的伦理缩减，并且，它的直接影响是，理论的理性所显现及觉察到的实在就可以用在永恒条件的基础上予以合理化。"② 康德先验终末论和其对海德格尔、巴特（Barth）和布尔特曼（Bultmann）等的影响，构成莫尔特曼反驳的主要神学建构。其实，紧接康德之后，黑格尔的辩证统一论已经产生一定的回响。

二　黑格尔的辩证统一

黑格尔（1770—1831）反对康德的物自身和现象的二分法，却保留了康德先验逻辑的一些方面，即客观和主观的辩证运动和统一判断。他想依靠否定和扬弃（Aufhebung）来克服康德的隔阂。他坚持有限形式的存在必然会产生它自己的相反面，他重申了斯宾诺莎的言论："每个肯定必然包括一个否定"；那就是，每个正题会引起它自己的反题。黑格尔称这个辩证为"否定的预示能力"③ 和"世界的真正运动原则"④。它是反题的创造功能，是辩证的自我推进，这一过程是内在的。黑格尔坚持每一个结果在它里面都持有自己的否定，并向另一面运动，以毁灭和变化到它自身的反面。⑤ 这些自生的相反和矛盾会在扬弃和升华的前进阶段中，得到综合的解决，用另外的话说，一个完整的过程

---

① 莫尔特曼：《希望神学》，第 45—50 页。

② 同上书，第 47 页。

③ 黑格尔：《精神现象学》（*The Phenomenology of Mind*，，翻译：James Baillie, London：Clarendon Press，1910；revised 1931，p. 51）。

④ 黑格尔：《逻辑学》，翻译：William Wallace，London：Clarendon Press，1892；revised by A. V. Miller，1975，Section 80。

⑤ Ibid.，Section 81.

包括毁灭、保存和上升。① 综合结果的崭新整体在自身里面包含和保存了早先的阶段，但是在一个崭新统一之内，它们就这样转换而带有一些新的方面。

所以，生活是分解与和解、离合与整合的一个过程。黑格尔的辩证运动是一个有节奏的模式，从内在到外在、从潜存到自我实现。它经历正、反、合的三重运动。黑格尔称它为"自在"（Ausich - sein）、"自为"（Fur - sich - sein）和"自在—自为"（Au - und - fur - sich - sein）。② 从本体论而言，这个生成的过程是个活的实在，是本体和主体的综合，是本质和存在的统一。从现象学而言，它是在发展中的自我的整合与和解。真理并不是在自然界中的原子运作而已，所有事实和概念都在一个整体中系统地关联着。黑格尔说："真理不只是全体，整体却是在经历自我发展过程中的本质实在。"③这样整体就是单个、完整、统一而又连接的系统，有序相连并且有机地组成每样东西，各事都在系统中有确定位置，且与其他每样东西也有联系。这一整体论不是静止的，而是一个动态的系统，一个永恒完成和全部实现的"无限不静止"。

就哲学而言，黑格尔对莫尔特曼神学方法的影响在莫尔特曼的著作中显而易见，并且他明显指出黑格尔对他的启发。然而，对莫尔特曼来说，启示不是中心议题，而是作为整体的历史中的路径和终结的辩证关系。此关系是辩证和解的关系，或称为历史与人类活动连续性的本质逻辑。莫尔特曼经常使用黑格尔的疏离/调和、否定/否定之否定和矛盾/确认的辩证方法，来解释基

---

① 黑格尔：《逻辑学》，翻译：W. H. Johnson & L. G. Struther, Vol. 2, London: Clarendon Press, 1929, 1: 119 - 20.

② 黑格尔：《逻辑学》，1: 36, 63 - 70; 2: 468 - 80.

③ 黑格尔：《精神现象学》，翻译：A. V. Miller, with analysis of text and foreward by J. N. Findlay, Oxford: Clarendon Press, 1977, p. 11.

督徒生活的终极向度。① 黑格尔对莫尔特曼的影响将在下文讨论布洛赫的乌托邦革命和莫尔特曼辩证和解的章节中作进一步研究。然而，就目前我们有充足理由说，康德与经验主义一样强调经验的重要；借此打开了方法论研究的大门，并把它内化为主观思想。黑格尔提供了对这样一个思想的现象学分析的步骤，这一方法为胡塞尔（Husserl）和海德格尔（Heidegger）所进一步发展，而成为莫尔特曼于 1948 年成为神学生而入读的格丁根大学的哲学与神学系的主导方法论。

三　海德格尔的《存在与时间》

海德格尔于 1889 年出生在巴登（Baden），他在弗莱堡大学（Freiburgh）受到艾德蒙德·胡塞尔（Edmund Husserl, 1859—1938）的现象学方法的训练。在来弗莱堡之前，胡塞尔是格丁根大学的教授（1901—1916），并与海德格尔共同编辑著名的现象学刊物 *Jahrbuch fur Philosophie und Phanomenologische Forschung*。胡塞尔超越康德，提出先验—现象论的方法，一种用先验自我或纯粹意识来反映现象世界的方法工具。② 胡塞尔想让现象学方法成为描述和鉴别意识中现象的"描述科学"，并且不引入可疑假设或易错的演绎，这样现象学成为对存在的探索和描述，成为一种对意识基本结构的基础探索，并检验对任何经验都具可能性的条件。这个主题为海德格尔所进一步吸收，尽管他否认自己是一名现象学家。

早期的海德格尔和布尔特曼。海德格尔所关注的是存在的探

---

①　莫尔特曼：《希望神学：在地上和基督终末论的含义》（*Theologie der Hoffnung. Untersuchungen zur Bergrundung und zu den Konsequenzer einer christlichen Eschatologie*, Siebente Anflage, Munchen: Chr. Kaiser Verlag, 1967）。

②　莫尔特曼承认："这里我们是采用在艾德蒙德·胡塞尔的现象学中发展起来的'视野'的概念。"参考《希望神学》（*Erfahrung und Urteil*, 1939, p. 191）。

索，他从语言的实在和存在角度所引申的语言来研究存在。① 海德格尔的首本主要著作《存在与时间》②，标志着他对存在探索的第一阶段，这本海德格尔早期著作展现出在人里面的存在（Dasein），这是人类学对存在的理解。他说："存在（不是实体）是'存有'，只在真理之范围的东西，而真理只在 Dasein 这范围内，存在和真理是相等原始的。"③

海德格尔对存在进行研究的载体是语言，这清楚表现在它对现象学方法的讨论上："我们的检查自身将显示作为一种方法的现象学描述意义在于解释，现象学存有（Dasein）的逻辑（logos）具有解释（hermeneuein）的特征。通过它，存在的真正意义和 Dasein 自身具备的基本结构，会知晓 Dasein 对存在的理解。Dasein 的现象学是对这个字原始含义的一种解释，在此它指定了这种解释的工作。"这种对人的现象学所采用的人类学方法影响了布尔特曼和新解释学（New Hermeneutics）。对布尔特曼而言，上帝只能通过谈论人的话语来说话，他说："查询人类生存的现实……是查询上帝和上帝的显明。"④ 这样布尔特曼就相应于海德格尔从 Dasein 到存在的追寻，它是莫尔特曼所驳斥回应的一种人类学的、存在主义的和主观主义的神学方法。

莫尔特曼描述布尔特曼的神学是从"人的先验主观主义神

---

① 麦克奈特：《文本的意义：一个记叙式诠释的历史构造》（Edgar V. McKnight, *Meaning in Texts: The Historical Shaping of a Narrative Hermeneutics*, Philadelphia: Fortress Press, 1978, p. 39）。

② 海德格尔《存在与时间》（*Sein und Zeit*）的前半部分出现在第八卷的 *Jahrbuch fur Philosophie und phanomenologische Forschung*。英语版为约翰·迈科埃里 John Macquarrie［和（埃德华·罗宾逊 Edward Robinson）］翻译，是基于 1957 年的德语第八版，这一版本含有对 1953 年第七版的微小变动。

③ Ibid. , p. 230.

④ 鲁道夫·布尔特曼（Rudolf Bultmann）：《解释学的问题》（*The Problem of Hermeneutics, Essays Philosophical and Theological*, London: SCM, 1955, pp. 257, 259）。

学”迈向“人类学的查证计划”①。对布尔特曼来说，在人学及上帝观的同时，也谈到人的生存。所有客观表述都被拒绝，因为上帝和人是“非客观的主体”，在决定的时刻亦同时得到确定身份和确实性，将中性及客观的理解转换为非历史的理解。这里莫尔特曼看到了历史和信仰的终末向度不幸地丧失了。莫尔特曼不想放弃“主观/客观的分裂”，他认为这是“人的基本结构”。②历史不能只是淹没于主观历史性；然而，完全实现的历史亦是不可能的方法。莫尔特曼总结说：“这种双重关系不能以一种身份——神秘的方式来溶解。”③ 莫尔特曼没有追随布尔特曼非历史性的人类学和存在主义的方法论，而是在保持巴特辩证方法同时，转化为历史的终末的方法。

后期的海德格尔和巴特。对存在的探索从 Dasein 的人类学搜寻转移到了存在的揭露。海利奇·奥特（Heinrich Ott）总结海德格尔思想的主要转移线索为：“对存在问题的出发点在于《存在与时间》的存在主义分析；然后转了弯，那个转变在海德格尔战后著作中可发现，并且表现为观念、思想方法和语言的深远变化，尽管探索的主题并没有改变。”④

海德格尔开始解释 Dasein 只是根据其自我结构。Dasein 在其之外建基于“无”，正是这种“无”是《什么是形而上学?》

---

①　莫尔特曼：《希望神学》，pp. 273 – 276；*Gottesoffenbarung und Wahrheitsfrage*，*Perspektiven der Theologie*：*Gesammelte Aufsatze* Munchen：Chr. Kaiser Verlag，1968，p. 17）

②　莫尔特曼：*Exegese und Eschatologie der Geschichte*，*Perspektiven der Theologie*：*Gesammelte Aufsatze*，p. 71.

③　Ibid. .

④　海利奇·奥特，*Denken und Sein*（Zurich：EVZ – Verlag，1959，p. 26）；也可参考 James Robinson and John Cobb，ed.：《后期海德格尔和神学》，New York：Harper & Row，1963，1：17。

所关注的。① 他说："这个'完全不是'（Wholly Other）所有其他存在的是'即那个不是'（That－which－is－not），但这个'无'像存在一样活动——'无'，那个不是存在的，是存在的面纱。"②

这里我们看到转折的发生，既存在的从"无"到"有"的升起。Dasein 在于唤起的、诗意的、语言的隐喻和主观事件中揭开了面纱。③海德格尔用希腊字 aletheia 来表达揭示、展现或显露的事件，真理（a－letheia）这个希腊字由否定作用的首码 alpha 和意为逃脱注意、隐藏的动词字根 letho 或 lanthano 组成。这样存在的真理是它不再逃脱注意、揭示并使自己显明的行为，真理就是自我揭示了。

海德格尔早期，在《存在与时间》中举例，"阐释"按照一个"用Dasein 解释存在"即"一个对存在的存在性分析"来探索存在④，这是布尔特曼的人类学方法。然而，后期海德格尔按照语言的解释来谈论存在，而不是以存有（Dasein）的结构。他以希腊神话传说中的赫尔墨斯（Hermes）作为众神的使者来进行一场思想剧，阐释就成为带给人类资讯和新闻的表现。这个对晚期海德格尔的理解所展示的，与布尔特曼神学比较，其与巴特神学更有明显关联。⑤

莫尔特曼称这种方法与巴特神学为"上帝的先验主观神学"，它指向一个"本体验证方案"，⑥ 承接着康德先验形而上学和海德格尔现象学。这个"本体验证方案"是巴特方法论的中心描述：上帝只能通过上帝来了解。莫尔特曼认为巴特对启示的

---

① 马丁·海德格尔：《形而上学导论》（*Introduction to Metaphysics*），Ralph Manheim 英译，London：Oxford University Press，1959。

② 同上书，第45、51页。

③ 同上书，第171页。

④ 海德格尔：《存在与时间》，第62页。

⑤ 奥特（Heinrich Ott）：《什么是系统神学?》（*What is Systematic Theology*），in *The Later Heidegger and Theology*），《后期海德格尔与神学》，第77—114页。

⑥ 莫尔特曼：*Gottesoffenbarung und Wahrheitsfrage，Perspektiven*，第21—25页；亦见于《希望神学》，第273—276页。

理解更适用于巴门尼德（Parmenides）的上帝，他力倡圣经的上
帝是启示自己于历史中的应许和希望的上帝。①莫尔特曼在整体
上并非完全拒绝巴特的辩证神学，而是确认神学必须超越巴特。
实际上，莫尔特曼的神学议程就是把这个辩证进一步推演并把巴
特的辩证神学完全"辩证化"。这样，莫尔特曼在方法论上属于
辩证神学的传统，只是异于对启示的理解而已。

　　从康德、黑格尔、胡塞尔、海德格尔、布尔特曼和巴特发展起来
的现象学方法是主体的、个体的、私有的和个人的。然而，莫尔特曼
的现象学方法是一个去私有和社会化的过程。② 他开始于对人类苦难
及在一个特殊历史框架中的非人化活动的现象的理解，康德的道德诠
释学、黑格尔的生存诠释学、布尔特曼的人类诠释学和巴特的辩证
诠释学被莫尔特曼攻击为只局限于内在和私有生命的基础上，取
而代之的是特洛尔奇（Troeltsch）所影响的社会和政治阐释学。

第二节　社会学的神学批判③

　　莫尔特曼于 1948 年在格丁根大学开始他的神学学习，这是

---

　　①　莫尔特曼：*Gottesoffenbarung und Wahrheitsfrage*, *Perspektiven*，第 21—25 页；亦
见于《希望神学》，第 57 页。

　　②　有关基督教私有现象的分析，参见汤玛斯·鲁克曼《看不见的宗教》（Thomas
Luckmann, *The Invisible Religion*），New York：Macmillan, 1967，第 28—41、69—107 页；有
关政治神学的观念，参见阿法多·菲亚罗《激进福音：对政治神学的批判介绍》（Alfredo
Fierro, *The Millitant Gospel*: *A Critical Introduction to Political Theologies*，Maryknoll：Orbis,
1975，第 3—48 页）。

　　③　有关宗教社会学或基督教社会学的文稿如下：Van A. *Barvey's Essays on Andres
Nygren*, *Religios Studies Review Reality*: *A Treatise in the Sociology of Knowledge*，New York：
Doubleday, 1967；*The Sacred Canopy*: *Elements of a Sociological Theology of Religion*，New
York：Doubleday, 1967；*Theology of Religion*，New York：Doubleday, 1967；Gregory
Baum, ed. , *Sociology and Human Destiny*，New York：Seabury, 1980. 本节集中在三位重
要人物上：迪尔蒂、特洛尔奇和朋霍费尔以及他们与莫尔特曼的关系。

产生希望神学的环境因素。莫尔特曼神学方法的真正起源是三位格丁根教授：奥托·韦伯（Otto Weber, 1902—1966）、汉斯·伊文（Joachim Iwand, 1899—1960）和恩斯特·沃夫（Ernst Wolf, 1902—1971）。他们都是信约教会（Confessional Church）反对与希特勒第三帝国国家社会主义妥协的领袖，每一位都坚持教会对国家社会主义所造成的世纪性灾难负有罪责。在讨论莫尔特曼的格丁根教师之前，有必要研究更为广阔并针对历史和社会方法的方法论处境 —— 迪尔蒂（Dilthey, 1833—1911）的历史批判学、特洛尔奇的宗教社会学研究和朋霍费尔的世俗基督教。

一　迪尔蒂的历史批判（Dilthey Historical Criticism）

第一次世界大战的爆发是引起西方方法论转移的主要因素，康德、黑格尔理想主义（Idealism）与他们的乐观主义被战争所动摇。麦柯里（Macquarrie）简要总结这个转移的精神为："回到战前时期，约瑟·桑塔亚那（Gorge Santayana）不仅预言了理想主义的结束，而且断定了更严重的事情——整个基督教世界及文明已进入了一个关键阶段，并正迈进于被一崭新文明所取代的路上。"[①] 桑塔亚那写下以上所引用的文字之后二十年，第一次世界大战来临了，又逝去了，而变换了的学术气氛已越发明显。人本身已成为显示在他的历史及文化中的主题，对人类历史和文

---

　　① 约翰.麦柯里：《二十世纪宗教思想：哲学和神学的前沿 1900—1980》（John Macquarrie, *Twentiieth Century Religious Thought: The Frontiers of Philosophy and Theology 1900 - 1980*），神临在的教义被神的超越所取代，约瑟·桑塔亚那（George Santayana）于 1911 年作了关于理想主义崩溃的预言："事件的趋势和第一次世界大战的来临使任何乐观方法变得难于接受，理想主义被现实主义所挑战，无事可被否决，但每事都将被抛弃。"（《教义之风》[George Santayana, "Nothing will have been disapproved, but everything will have been abandoned," *Winds of Doctrine*, New York: Harper and Row Publishers, 1913], 211）

化成就的研究提供了进入现实的洞见，人文科学已取代了自然科学在战后德国思想界的地位，一个崭新的方法需要应运而生来发展这种人文科学。迪尔蒂捕捉到历史文化中对人所关注的时代精神，并创立了一种崭新的历史方法——历史相对论。

根据迪尔蒂，自然科学和人文科学是不同的，意即人在自然科学中是观众，但在人文科学中人通过生活和实践认知主体事物。受德国诗人席勒（Schiller, 1759—1805）的影响，迪尔蒂提倡美是鲜活的、呼吸的完形（Gestalt）。他说："形式必须成为生活；生活必须成为形式。"① 这个生活和形式的统一产生了历史；这样，历史就成为对心灵的追寻和对人类精神的一种探索。这个对历史理解进一步用于解释人类思想结构的公共基础。于是，解释的定义就是建立在解释者和作者所共同的普遍人性基础上。他说："对制约历史和人类理智、身、心、灵彼此配合变化的一致功能，特别是外界社会和文化的变化的，这样一个独特动态结构的形式——人类学理论来说，这确实是个问题。"②

一个低等有机物的物理—生化结构，一个高等动物的心理—物理系统，一个人类的物理—生化—灵魂—精神结构，甚至是社会的结构的存在是不可置疑的。迪尔蒂对任何永恒的定律不感兴趣，却钟情于人类的社会和历史境况。

莫尔特曼如此评论迪尔蒂，他说："所以，在迪尔蒂对人类生活表现之历史的哲学阐释中，历史的理解也建立于生命之根本

---

① Wilhelm Dilthey, *Die Einbildungskraft des Dichters: Bausteine fur eine Poetik, Gesammelte Schriften* (5th ed, Gottingen: Vandenhoeck and Ruprecht, 1968), 6: 117. 德文是 "Die Gestalt muss Leben werden und das Leben Gestalt."

② 最重要的相关思想结构的参考是：*Gesammelte Schriften* 1: 14 – 18, 34 – 35, 37 – 38, 81; 5: 15 – 16, 37 – 39, 60, 63 – 64, 68 – 73; 6: 94 – 96. 更多的讨论，参考 Peter Krausser, *Kritik der endlichen Vernunft: Wilhelm Diltheys Revolution der allgemeinen Wissenschafts – und handlungsthorie*, Frankfurt: Suhrkamp Verlag, 1968, 28。

的及深不可测的相似预设上。"① 他称迪尔蒂的方法为生命的哲学，并主张："历史'事件'是按照历史的原型实体之无穷资源来解释的，这就是生命，并在这深不可测之生命历程的亮光下，它们成为'物化'（ob - jectifications）的事情。故此，'历史'就成了生命的历史；就'生命'而言，历史的科学就是人文科学。"②

二　特洛尔奇的社会神学（Troeltsch's Sociological Theology）

特洛尔奇（Troeltsch, 1865—1923），德国神学家和社会科学家，同格丁根大学有紧密联系。他在埃朗根（Erlangen）、格丁根和柏林大学学习神学，经过在慕尼克三年的路德宗副牧师生涯后，他回到格丁根大学担任神学讲师。他致力于研究宗教哲学和社会学，并涉及文化和社会历史、伦理学和法学。他在历史相对论概念的分类上扮演了一个领导角色，并且对历史科学的方法论研究作出重要贡献。

特洛尔奇坚持宗教科学验证的合宜主题是介于神学和哲学支柱之间，并且在特征上是现象学的。他力倡其决定性问题必须是"宗教现象的本质、真理的内容及在这些现象中的知识和宗教伟大历史结构的价值和意义"③。特洛尔奇的主要著作《基督教会的社会教导》为这些问题提供了方法论答案。④ "社会"的方法论概念在社会研究领域的特征上是具有决定性政治

---

① 莫尔特曼，《希望神学》，第176页。

② 同上书，第254—255页。

③ 恩斯特·特洛尔奇：*Gesammelte Schriften*：*Zur religions philosophie und Ethik*，Tubingen：Verlag von J. C. B. Mohr, 1913, 2：462—463。

④ 特洛尔奇：《基督教会的社会教导》（*Die Soziallehren der christlichen Kirchen und Gruppen*，Tubingen：Verlag von J. C. B. Mohr, 1912；奥列佛·怀恩英译：*The Sociel Teaching of the Christian Churches*，London：Clarendon Press, 1931）。

关怀的。一般而言,"社会"指向非政治或间接政治的,但仍然是可观察的现象。他声称社会是经验性可辨别的整体社会范围的那个部分。

在《社会教导》的方法论中有四个关键因素。第一,特洛尔奇首先以社会研究切入并讨论问题,他定义基督教社会教义为关注最重要非宗教社会结构的基督教导,在政府和社会之间的相互关系上教会扮演一个角色,这是教会的文化意义;第二,教会的独特性要求在个人和社会方案的关系上取得一个全面广泛的理解;第三,特洛尔奇探讨了人不能离开政治结构而生活的基督教社会适切相关性;[1]第四,特洛尔奇主张在基督教发展和其社会处境之间存在一个互惠互动的关系,基督教的社会影响直接依赖于社会处境对基督教的影响问题。特洛尔奇方法论的这四个因素确实产生了一个现世的、经验的、伦理的、社会和政治性格的神学。他声称方法论问题是面对基督教历史自我理解的关键问题,而特洛尔奇的方法论巩固了迪尔蒂的历史批判论、朋霍费尔的世俗主义和莫尔特曼的政治神学。

特洛尔奇的社会参与最终引领他开始热切关心魏玛共和国(Weimar)和第一次世界大战的政治。这位同样渴望世界和平与博爱的神学家,可以响亮地告诫他的国人们:"作德国人,属于德国人,成为德国人!"[2]在这一点上,我们注意到在第二次世界大战中,莫尔特曼竟然也能够在绝望中捕捉到希望的精神。这个社会—政治参与的主题构成莫尔特曼方法论的推动力,当莫尔特曼评论"基督和他的将来"和"渐进启示"的主题时,他说:

---

[1] 特洛尔奇:*Gesammelte Schriften*, 4: 741—743。

[2] 特洛尔奇:*Das Wesen des Deutschen* (Heidelberg: Carl Winters Universitatsbuch-handlung, 1915), 32。有关特洛尔奇参与一战的观察,参阅 Robert J. Rubanowice《意识的危机:恩斯特·特洛尔奇的思想》(Robert J. Rubanowice, *Crisis in Consciousness: The Thought of Ernst Troeltsch*, Tallahassee: University Presses of Florida, 1982, p. 102)。

"它来自理查·罗斯（Richard Rothe）和恩斯特·特洛尔奇（Ernst Troeltsch），并且在两位作家中都意味着，西方历史中的基督精神动力再三地与现代精神相联系，并产生有关世界和生活的更好前进的世界观。"①

　　当评论朋霍费尔时，莫尔特曼说："什么引导朋霍费尔选择教会的社会学做主题？这是柏林学派的工作，其创立人是恩斯特·特洛尔奇，并且特别是特洛尔奇的著作《基督教会的社会教导》。"② 因此，为完整地研究特洛尔奇宗教社会学对莫尔特曼方法论的影响，理解朋霍费尔的基督王权概念是不可缺少的。

三　朋霍费尔的世俗基督教（Bonheoffer's Secular Christianity）

　　很重要的一点是莫尔特曼的神学方法开始形成于社会学和神学争论的氛围中，神学的社会学分析也是狄特克·朋霍费尔（或译潘霍华，Dietrich Bonhoeffer, 1906—1945）讨论的主要议题。朋霍费尔直言，危机神学对新教教义"中心失落"的评论是正确的；可惜，它却把神学递减为"教义论"（Dogmatics）。这样就把基督减落为只是一个神学原则，并且他的主权和国度都被忽视了。朋霍费尔主张："我们越专有地宣信和确认基督为主，他国度的广大范围就越自由地宣示给我们。"③ 这就意味着"基督徒的生命是参与在基督和世界的相遇中"。④

---

①　莫尔特曼：《希望神学》，第225页。
②　莫尔特曼：《基督的主权和人类社会》，《朋霍费尔神学的两个研究》（*Two Studies in the Theology of Bonhoeffer*, trans. Reginald H. Fuller, New York: Charles Scribner's Sons, 1967），第24页。
③　朋霍费尔：《伦理学》（*Ethics*, trans. Neville Horton Smith, New York: The Macmillan Paperback Edition, 1959），第180页。
④　同上书，第133页。

朋霍费尔并没有涉及"先验无关性"的言论，这在《伦理》一书的教导中清楚展示了有关"最后的事情和最后前的事情"或"最后"和"终末"（ultimate/pen—ultimate）。[①] 基督教却是植根和关注最后和超越的事上，但在"最后"前，先有终末性的关注。它是人类的社会和伦理关注，对"最后"的关注意味着也必须有对终末的关注，终末是功能性的，然而"最后"是目标性的。"最后"证明终末的存在，但不是什么独立于终末的事情，终末为基督的来临预备道路，即是最后的"最后"。

莫尔特曼写过两篇关于朋霍费尔的作品："基督的主权和人类社会"于《朋霍费尔神学的两种研究》和"Die Wirklichkeit der Welt und Gottes konkreses Gebot nach Dietrich Bonhoeffer"（*Die Mundige Welt* Ⅲ）。[②]从朋霍费尔那里，莫尔特曼学会关注信仰的社会、公共方面相对于它的原子的、存在的和个体的解释。与朋霍费尔一起，莫尔特曼试图恢复 19 世纪被危机神学所抛弃的一些重要任务。危机神学抗议神学里"中心的丧失"，莫尔特曼抗议危机神学中"视野的丧失"。[③]他设想重新开始迪尔蒂、特

---

① 朋霍费尔：《门徒的代价》（*The Cost of Discipleship*, transl. R. H. Fuller, New York：The Macmillan Co., 1960），第 79 页。

② 莫尔特曼：《基督的主权和人类社会》，《朋霍费尔神学的两份研究》（*The Lordship of Christ and Human Society*, *Two Studies in the Theology of Bonhoeffer*, trans. Reginald H. Fuller and Ilse Fuller, New York：Charles Scribner's Son, 1967）; and "Die Wirklichkeit der Welt und Gottes konkreses Gebot nach Dietrich Bonhoeffer", in *Die Mundige Welt* Ⅲ。

③ 莫尔特曼：*Die Gemeinde im Horizont der Herrschaft Christi*：*Neue Perspektiven in der protestantische Theologie*（Neukirchen：Neukirchner Verlag, 1959），第 8—9 页。莫尔特曼也在《希望神学》中提到关于这个视野的比喻（p. 106）。相似地，潘能伯格在《神学的基本问题》中提到历史的视野（Pannenberg, *Basic Questions in Theology*, London：S. C. M., 1973, 1：117—34）。这一在过去和现在之间视野的融合（Horizontverschmelzung）也是伽达默尔的一个主题，他称之为"一个特殊现在的视野"（《真理和方法》（Gadamer, *The Horizon of a Particular Present*, *Truth and Method*, London：Sheed & Ward, 1975, p. 271）。

洛尔奇、施莱尔马赫（Schleiermacher）和里奇（Ritschl）所提出的问题。①这些问题是在社会、文化和政治中基督徒的服侍，这都是朋霍费尔所提倡世俗方面的主题：基督教的今世元素和基督徒生活解释在基督十架里的参与，这是莫尔特曼部分的神学方法。

朋霍费尔提出克服二元论的唯一通路就是要开辟一个崭新现实作为起点的概念，即道成肉身的本体论。②莫尔特曼指出："朋霍费尔违抗所有传统，大胆从'一个现实'及'全体现实'，犹如在基督启示里所赐予的，借此宇宙性和解的奇迹得以揭开。"③

基督教伦理观必须按照在基督十架里的上帝与世界的和解来处理所有现实。如此，行动和存在、原则和实践、自然法的理想规范和现实的实证典范、先验标准的伦理和临在处境决定的伦理二元论就可以克服。这种社会参与建基于对将来的远见，它将在历史的地平线上破晓而出，它是在一个新时代引来社会和平与丰盛的乌托邦。

第三节　乌托邦革命的政治剖析

巴特和布尔特曼（Bultmann）的主观、个人和内向的神学可能会满足战后欧美大萧条的时期，但他们很快就不足以处理20世纪后半期所出现的世界性突飞猛进的乐观主义。1960年前的时代，主导思想是克尔凯郭尔（亦译作祁克果，Kierkegaard）、涅茨基（亦译作尼采，Nietzsche）和海德格尔（Heidegger）的

---

① "*Die Wirklichkeit der Welt und Gottes Konkretes Gebot nach Dietrich Bonhoeffer*", Moltmann says that he wants to reopen "das Gespräch mit den liegengebliebenen Fragen des 19. Jahrhunderts."

② 朋霍费尔，《伦理学》，第193、197、296页。

③ 莫尔特曼：《基督的主权和人类社会》，第23—24、26页。

现象学和存在主义，1960 年后的时期，马克思哲学，更确切讲是新马克思哲学登上了世界舞台，特别是在第三世界。此新马克思哲学强调实际的而不是生活的理论方面，它着重的是未来学的终末论，并且带有乌托邦的观念，实现这种理想的手段就是革命。这一系的哲学可称作黑格尔—马克思—布洛赫系的辩证哲学或乌托邦革命。①

一　黑格尔的完美自由（Hegel's Perfection of Freedom）

"utopia" 这个字为汤玛斯·莫尔（Thomas More）所创，他于 1516 年出版了著名的《乌托邦》。从字义来看，Utopia 的意思是 "无地方"，并且它频繁地和 "eutopia" 交替使用，意思是 "好地方"。②紧接着的数世纪中，这两个方面都烙印着乌托邦文学。它关注理想社会和理想生活方式，推崇完美；完美被认为共

①　有时新马克思主义者也被认作 "修正马克思主义者"。在修正马克思主义的不同纲要中，有些混合了弗洛伊德的思想（例如马尔库塞，Fromm，哈贝马斯），其他人混合了犹太教和基督教终末论和乌托邦主题（譬如 Bloch），或犹太消极神学（Adorno，Horkheimer），或存在主义类别（Sarte），或 "新尼采"。然而，乌托邦修正马克思主义是本文研究的唯一范围。

②　汤玛斯·莫尔：《乌托邦》（Thomas More, Utopia, trans. /ed. Robert M. Adams, New York: W. W. Norton & Co., 1975）。"utopia" 这个字由希腊字 ou 和 topos 组成，意为 "无地方"；可能有一个 eutopos 的双关语，意为 "好地方"。莫尔有时谈及他的书时，以同义的拉丁版 Nusquama, nusquam 意指 "无地"（p. 3）。考茨基（Kautsky）认为莫尔是位超越时代的社会主义者；罗素·安墨斯（Russell Ames）称莫尔的著作为人文主义手册；钱伯斯（R. W. Chambers）视他为一名修院和中世纪生活观念的发言人；路易斯（C. S. Lewis）认为莫尔是卢西恩（Lucian）的翻译者和伊拉兹马斯（Erasmus）的朋友，"一份假日工作，一部自发的喜剧并且（最重要的）是发明的，畜养了许多野兔而一只也不杀死"[《十六世纪戏剧外的英国文学》，牛津英国文学史第三卷（English Literature in the Sixteenth Century Excluding Drama, Oxford: The Clarendon Press, 1954），第 167—171 页]。

同拥有，而不是个人偏好的规范。①完美被视为和谐，每个人同自己和谐与同身边人和谐。历史哲学家视历史的高峰为完美，其中包括柏拉图、黑格尔、斯宾塞（Spencer）和马克思。②

　　自由是黑格尔乌托邦远景中普遍深入的主题。他的《精神现象学》被描述为"自由的显明和自由自身发展的形态论"。③黑格尔的《精神现象学》描绘现实为一个通向自由实现的持续进程，他写道："人通常不知道什么思想是如此不确定、暧昧和能够带来最大误解…就如自由的思想。"④

　　《精神现象学》是起点（terminus aquo），预示着整个体系。《法哲学原理》是终点（terminus ad quem），从人类自由教义的立场来撰写。⑤沉思的心灵在研究历史发展进程时，认定自由就是世界理性结构的本质真理。黑格尔说人的心灵"抓住其具体的普遍性，升华领会绝对的纯灵，就像沉思的理性在永恒实在的

---

　　①　乔治·凯特：《乌托邦和乌托邦主义》，《哲学百科全书》（George Kateb，"Utopia and Utopianism"，*The Encyclopedia of Philosophy*，ed. Paul Edwards，New York：Macmillan Publishing Co.，1967），5：212—215。

　　②　伟大的乌托邦著作包括柏拉图的《共和国》、亚里士多德的《政治学》、奥古斯丁的《上帝之城》、莫尔的《乌托邦》、坎帕尼勒的《太阳之城》（Campanella，*The City of the Sun*）、摩勒利的《自然密码》（Morelly，*Code dela nature*）、威尔的《一个现代乌托邦》（H. G. Well，*A Moder Utopia*）等，参考马丁·布伯《乌托邦的道路》（Martin Buber，*Paths in Utopia*，trans. R. F. C. Hull，New York：Harper & Row，1950）。

　　③　George Lichteim，J. B. Baillie 英译《现象学》"前言"（New York：Harper Colophon Books，1967）。

　　④　黑格尔：*Hegels Samtliche Werke*（Leipzig：Felix Meiner Verlag，1923），5：417. He says，"Uber keine Idee weiss man es so allgemein，dass sie unbestimmt，vieldeutig und der grossten Missverstandnisse fahig … ist also von derr idee der Freiheit."

　　⑤　约瑟·卢卡斯：《自由在进程思考中的两个观点》（Eugene Kamenka，*The Philosophy of Ludwig Feuerbach*，Montana：Scholars Press，1979），p. 60.

真理中享受自由"。①《精神现象学》中持续的激情给予马克思灵感，从中看到了一个自由的教义，"作为人的自我创造之历程"。这样，人类在马克思看来，本质上是他们自己创造行为的结果——他们的劳动。②

二 马克思的无产阶级革命（Marx's Proletariat Revolution）

卡尔·马克思（1818—1883）把黑格尔理想主义的唯心辩证法转化成唯物辩证主义。黑格尔思想转化的第一步由路德维希·费尔巴哈（Ludwig Feuerbach，1804—1872）完成，费尔巴哈试图用他的"批判转化方法"来建立所有宗教现象的人类学来源。借着这种方法，他尝试将黑格尔思想的所有先验唯心的形上因素人性化和人文化。③通过费尔巴哈的转化方法，马克思认为他可以继承黑格尔思想中"好的"和"有用"之处，当然只是在一个可接受的唯物论基础上。④

1843 年，马克思开始在费尔巴哈人类学的基础上，首次系

---

① 黑格尔：Enzyklopadie der philosophischen Wissenschaften，3 卷，第一、第二卷的翻译在黑格尔的逻辑学，翻译：William Wallace（Oxford：The Clarendon Press，1892；revised by A. V. Miller，1975）；第三卷部分在黑格尔的自然哲学，翻译：A. V. Miller（Oxford：The Clarendon Press，1970）．注释引自《百科全书》，第 552 页。

② 《卡尔·马克思：社会学和社学哲学选集》，（*Karl Marx：Selected Writings in Sociology and Social Philosophy*. ed. T. B. Bottomore，London：C. A. Watts & Co.，1956），第 2 页。

③ 尤金·卡曼卡：《路德维希·费尔巴哈的哲学》（Eugene Kamenka, *The Philosophy of Ludwig Feuerbach*，New York：Praeger，1970），第 83—91 页。理查·涅布林称费尔巴哈的方法为在神学中的激进主观主义，其中人的主观状态和上帝—意识成为出发点。参考理查·涅布林为费尔巴哈《基督教的本质》所写的前言（Feuerbach，*The Essence of Christianity*，New York：Harper & Row Publishers，1957）。

④ 莫尔特曼从革命来理解，认为现今时代是个意识危机。历史上，它开始于法国大革命和工业革命；哲学上，它开始于培根、笛卡尔、伽利略、圣西门、卢梭和康德。革命被认为是历史的、社会的和政治的（《希望神学》，第 234—236 页）。

统地处理黑格尔的著作《法哲学原理》。①他试图于临在和经验基础上发展黑格尔的主题。黑格尔整个历史的辩证模式由远古发展移向现在，并且一直保持着辩证的张力。然而，马克思开始于现在的辩证，然后从现在的含义引申到整体的模式。黑格尔的思想开始并结束于唯理性、普遍性和唯心的自由，其调解在于通过具体化理性而来的需要。但是，马克思开始于人民的需要，并结束于他们自己的普遍性、唯理性和自由，全程由他们并通过他们来调解。这样，黑格尔的圆圈被打破了，未来可以成为真实的和标准的事实，一个真实的终末观首先出现在马克思的思想里。②

马克思乌托邦历史理论最全面的理念出现于《德意志意识形态》。③这一著作提出了整体和现在通向终末和最后将来的马克思辩证模式。他提出五个历史的"基本条件"。第一，能够通过生产来满足需要以求生活是创造历史的条件。第二，通过调解的辩证，融入第一点的行动引出新的需要。第三，人通过生育繁衍后代和维持关系。第四，劳动和生殖中的生产方式支配合作形式。第五，前四点的存在为通讯方法的出现和其在社会（意识）中应用的复杂效果所需要。④无产阶级是旧社会最终否定的承受者，并且是进入新社会的始创者（Aufhebung，黑格尔的术语）。在不断上升的需求和手段之驱使下，此历史进程会到达一个历史关键点的门槛，这就是无阶级乌托邦的实现。马克思写道："共

---

① 黑格尔：《法哲学》，翻译和注释：T. M. Knox（Oxford：The Clarendon Press，1952），第37—74页。

② 卡尔·马克思：《青年马克思的哲学和社会论著》，（*Writings of the Young Marx on Philosophy and Society*，trans. and ed. Lloyd D. Easton and Kurt H. Guddat（*Garden City*，New York：Doubleday & Co.，1967），第151—202页。

③ 卡尔·马克思和弗雷德里克·恩格斯：《德意志意识形态》（*The German Ideology*，ed. C. J. Arthur，New York：International Publishers，1970）。

④ 同上书，第49—51页。马克思说："意识首先，当然，只是关心直接感觉处境、与其他人有限接触和成为自我—意识之个人的以外事情的意识。"（同上书，第51页）

产主义是对私有财产、人类自我隔离的积极抛弃，也因此是作为社会真正占有人类本性，也就是，真正的人类，一个吸收了所有以前发展财富的完全和有意识的回归……它是人和自然之间、人和人之间反抗的明确决议，它是存在和本质、客观和自我肯定、自由和需要、个人和种族之间冲突的真正解答，它是历史迷局的解决方案，并知道自己是解决方案。"①

三　布洛赫的希望哲学 (Bloch's Philosophy of Hope)

德国左翼黑格尔主义和马克思主义哲学家，恩斯特·布洛赫 (Ernst Bloch, 1885—1977) 提供了一座到达莫尔特曼神学方法的桥梁。莫尔特曼形容布洛赫是一名手拿圣经的马克思主义者……一位弥赛亚思想家，其哲学为青年马克思引出通向预言和承约、应许与应验的一条实用道路。②当他回想第一次读到布洛赫的《希望原理》时，莫尔特曼写道："我记得很清楚我是怎样在泰森 (Tessin) 花了整个假期钻入'希望原理'，而没有看见瑞士山脉的壮美。"③他的《希望神学》可被视为同布洛赫《希望原理》的一个基督教对话。

《希望原理》是对希望现象学和"尚未实现的存有"（not-yet-being）本体论的研究。布洛赫说："所有现实与尚未实现（Das Noch-nicht）一起在它自己里面运动。"《希望原理》的中

---

① 马克思和恩格斯：《政治与哲学的基本著作》（*Basic Writings on Politics and Philosophy*, ed.: Lewis S. Feuer (Garden City, New York: Doubleday Books, 1959)，第155页。

② 莫尔特曼：《在基督教中什么是"新"：Novum 种类在基督教神学》，《宗教、革命和未来》，翻译：M. Douglas Meeks (New York: Charles Scribner's Sons, 1969)，第15页。

③ 莫尔特曼：《政治和希望的实践》，《基督教世纪》87（3 月 11 日，1970），第289页。

心分类是"前"、"新"（Novum）、"终"（Ultimun）、"不"（no）、"尚未"（not－yet），"全"（Totum）、"无"（Nihil）、可能性和同一性。人和现实都有一个"前"，是历史最前卫的阶段。"新"（Novem）是出现在"前"的重复及连续的新情况。"终"是自然和社会过程的不可重复最终的阶段。人在目前的决定可能造成最后在"全"或"无"，Nihil 或 Totum，天堂或地狱。这样的恐惧成为布洛赫对希望理解的基本成分。布洛赫描述"全"为身份、祖国或结局（Omega）。这里，马克思的梦想经历了人的自然化和自然的人化的阶段，而最后希望能达到自由的国度。让过程移向"全"或"无"的是"不"。布洛赫解释"不"为疏离、渴望或需求。"尚未"是现阶段的过程，这样的"不"推动"尚未"迈向"全"或"无"。①

　　布洛赫的希望哲学是一个形上学的宗教，它继承了宗教弥赛亚主义。他说："有希望的地方就有宗教……基督教不是静止的，随之有护教的、神秘的人物，并且在此终末人物伴随的是爆发的弥赛亚主义人物。"②

　　出埃及记的事迹是布洛赫解释圣经的中心，奴役的人民从奴隶制度被引向应许之地。一个游牧民族定居后，实行"原始共产主义"，亦引进私有制。先知主义是圣经的第二个转捩点，他们忠诚于出埃及的上帝和穷人的上帝。他们传讲一个"此世"的终末论（this－worldly eschatology），这也是耶稣关于上帝国度的中心信息。这个国度是社会性的，而不是私有的。

　　在莫尔特曼和布洛赫之间有四个相同方面。第一，两人都同意出埃及和自由国度是中心；第二，两人都研究教会历史来寻找

<hr>

　　①　莫尔特曼：《政治和希望的实践》，《基督教世纪》87（3 月 11 日，1970），第 225 页。

　　②　同上书，第 140 页。

圣经中希望信息的制定和抑制；第三，两人都盼望一个新时代的
到来；第四，两人都同意为了上帝的缘故可以容许一个无神主
义。①实际上，两人都同意希望是人类生活之基础的基本前提，
我们所生活的这个世界是在形成之中。莫尔特曼对布洛赫的态
度采取一个开放的和对话的愿望，他说："基督教的希望可从
这种革命性的人文主义中学到很多它自身发展的规律……一个
与寻求'没有神的未来'之人文主义者的对话可以成为一个对
停止寻求'没有未来的上帝'的基督徒的劝告。"②

　　有了以上的理解之后，笔者进一步研究基督教终末启示主义
对莫尔特曼的影响。在这一部分中，革命性的人文主义被视为寻
求一个没有上帝的将来、一个终末点或一个乌托邦。然而，终末
论神学家们是试图建筑一个有上帝的将来。莫尔特曼的工作范围
是在20世纪60年代重新兴起的终末和启示的主题：一个人文和
无神的乌托邦革命是不能满足终末论神学家的。然而，布洛赫革
命人文主义的范畴、前提、方法论原则对终末论神学家们而言，
是有助于建构一个有神的未来，这就是莫尔特曼方法论的处境。

---

　　①　莫尔特曼：《无信仰的希望：一个没有上帝的终末人文主义》，《综述：基本
神学》16（1966），第27页。In the "Einleitung" to Bloch, Moltmann comments："es
gibt einen　Atheismus, der das alttestamentliche Bilderverbot Ernst nimmt, wie Feuerbach.
Es gibt einen Atheismus um Gottes willen, wie bei Bloch. Es gibt Atheismus als negative
Theologie."

　　②　同上书，第28页。布洛赫说："当辩证唯物主义听到和抓住这个世界趋势
所造成强大讯息，号召人为那个声音所显示的目标而奋斗时，它决定性地显明了它
是从一个死宗教中掘到了活灵魂的黄金，那里没有先验的'先验'，只有一个健全
一创立之希望的主体一客体。那就是愚人们的彼岸天堂被焚为灰烬时所存留的。"
［《基督教中的无神主义：迁离和国度的宗教》（*Atheism in Christianity*：*The Religion
of the Exodus and the Kingdom*, trans.　J. T.　Swann, New York：Herder and Herder,
1972. p. 239.）］。

第四节　终末启示的圣经研究

　　莫尔特曼的历史意识和希望神学始于早期他对有关改革宗神学之历史研究。[①]莫尔特曼希望神学的第一次论调出现于论文：" Erwahlung und Beharrung der Glauginen nach Calvin. "[②]他说："正是信仰的未来方向在总体上构造了加尔文的神学，为此人们在改革者中称他为'希望神学家'。"此外，他声称：" Calvins Glaubensbefreff ist immer von der Hoffnungsgewissheit bestimmt. "[③]当莫尔特曼读到布洛赫的《希望原理》通向希望神学的更具决定性表现时，他写下《预定与坚忍》（*Pradestination und Perseveranz*, 1961），此书是莫尔特曼的历史观念，从加尔文《圣徒的坚忍》（*Perseverantia Sanctorum*）的观点引申出来的。加尔文试图从路德的现实主义（actualism，存在主义的先驱）和布萨的惯性主义（Buber's habitualism）走出一条中间的路线。莫尔特曼指出，加尔文的圣徒坚忍教义是建立在上帝忠诚基础上，比起存在的现实主义更好地阐释了基督徒的生活。[④] 莫尔特曼能够脱离克

---

　　① 莫尔特曼：*Gnadenbund und Gnadenwahl*；*Christoph Pezel und der Calvinismus in Bremen*；*Pradestination und Perseveranz*。在这一领域的期刊文章包括 "Pradestination und Heilsgeschichte bei Moyse Amyraut"，*Zeitschrift fur Kirchengeschichte*，65：27 - 303，No. 3 - 4，1954；"Grundzuge mystischer Theologie bei Gerhard Tersteegen"，*Evengelische Theologie*，16：205 - 224，No. 5，1956。

　　② 莫尔特曼："Erwahlung und Beharrung der Glaubigen nach Calvin"，*Calvin - Studien*，1959（Neukirchen：Neukirchner Verlag, 1960），pp. 45—46。

　　③ 同上。

　　④ 莫尔特曼：*Pradestination und Perseveranz. Geschichte und Bedeutung der reformierte lehre "de perseverantia sanctorum"*（Neukirchen：Neukirchner Verlag, 1961），他总结为："这确切地相关坚忍和通过对上帝的忠信而得成就的新人，创造了信徒——一个自由去委身自己……给来临的上帝和袍对所有事物的成全。这样圣徒坚忍成为基督徒希望的根本。"（p. 182）

尔凯郭尔—海德格尔存在主义之影响，很大程度上归功于他的三位格丁根老师，他们给予莫尔特曼神学一个终末视野，即终末启示主义的神学观念。[①]

一　格丁根教师（Gōttingen Teacher）

莫尔特曼与格丁根老师的持续对话塑造出他的希望神学。这产生于莫尔特曼对三方面的回应：（一）对改革宗末世论之历史神学研究的关注，（二）批判德国理想主义和启蒙运动对新教神学的影响，（三）一个关于社会伦理的新终末论。[②]这些都是格丁根大学圣经和系统神学系的神学家们的热门话题。

1. 奥托·韦伯（Otto Weber）

韦伯是莫尔特曼的指导老师（德语称为 doktor vater），他接受了莫尔特曼的 *Habilitationsschrift*，让他在格丁根大学成为助教（Privatdozent）。莫尔特曼说："奥托·韦伯在他的精神领域是最后一个伟大通才神学家之一，他能够结合释经、历史、系统和当代文化来阐释神学的统一。"[③]

莫尔特曼在韦伯的改革宗终末论观念中发现了终末论的幼

---

① 布尔特曼将"来临启示论"的信念破除其神话性，转化为存在神学的终末论。参见布尔特曼《历史和终末学》（*History and Eschatology*, Edinburgh：Edinburgh University Press, 1975）。在 von Rad 和 Kasemann 之后的释经情境下，许多不同"来临启示"的神学重新恢复起来，特别是终末论神学家们，他们是潘能伯格、默茨和莫尔特曼。他们都试图把早期神学的终末论理解的非个人化，虽然莫尔特曼和默茨发展了一个基本上为左翼黑格尔主义的来临启示论解释来说明"尚未"，而相对于潘能伯格对历史结束的预期。这一节会阐明启示主义的发展及其对莫尔特曼的影响。

② 有关格丁根教师对莫尔特曼影响的详细讨论，参考道格拉斯·米克的著作《希望神学的起源》（Douglas Meeks, *Origins of the Theology of Hope*, Philadelphia：Fortress Press, 1974），第19—53页。

③ 莫尔特曼：《奥托·韦伯》（*Otto Weber, Kirchein der Zeit 21*, November, 1966），第485页。

初形式，其后从左翼黑格尔主义和马克思主义那里征用了更精炼的形式。①韦伯的神学在整体上有一个强烈的终末论和宣教论的趋向。他说："Die Dogmatik ist eschatologisch begrenzt. Das ist das eigentliche Gegenargument gegen das System."②根据韦伯，终末学是难以置信的和毫无价值的，除非它能植根于为基督教信仰和基督教群体之宣教结构的整个神学，即"宣教群体"（Missionsgemeinde）。这意味着终末和宣教群体不是以自身的存在为最终目的，而是完全为世界和上帝的来临国度而存在。③ 从韦伯的启导中，莫尔特曼进而接触了荷兰的"使徒神学"（Apostolate Theology），特别是阿诺德·卢勒（Arnold Ruler）。莫尔特曼说："正是阿诺德·卢勒，荷兰使徒神学家，让我在1957年从这个错误（巴特神学）中释放出来。通过他，我得以熟悉基督教信仰为宣教主导的终末学，这并不是次要的，而是神学想象的欢欣。"④

　　另一位影响莫尔特曼的重要荷兰使徒神学家是霍肯迪克（J. F. Hoekendijk）。根据霍肯迪克，教会论是基督论的功能，但基督论亦需转化成终末论的功能，这是理解希望神学的一个关键要点。对霍肯迪克而言，教会不仅参与宣教，而且她自己成就宣教。很明显莫尔特曼希望神学的基本结构"从应许（promissio）到任命（commissio），再到宣教（missio）"已经形成。莫尔特曼汲取霍肯迪克这种使徒在教会任命的概念。首先，它是平安（Shalom）通过"道的宣告"（kerygma）来表达，即"福音宣道"

---

① Otto Weber, *Grundlagen der Dogmatik*, Neukirchen：Neukirchener Verlag, 1962, 2：718—734.

② Ibid., p. 76.

③ Ibid., 2：567—575.

④ 莫尔特曼：《政治与希望实践》(*Politics and the Practice of Hope*)，*The Christian Century*，87，March，1970，第289页。

（kerygma）。第二，它是群体参与在"平安"（Shalom）里，即"团契相交"（koinonia）。第三，它是平安（Shalom）在世界里通过舍己的服务来传播，即"服务播道"（diakonia）[①]。这三个使徒任命常出现在希望神学中，形成统一上帝观、基督论、教会论的终末教义的思想结构。[②]

2. 汉斯·伊文（Hans Joachim Iwand）

米克（Meeks）在对莫尔特曼希望神学起源的搜寻中指出："如果我们寻找影响莫尔特曼神学中崭新性和独特性的单一的最重要来源，那毫无疑问是汉斯·伊文的思想。整个莫尔特曼的希望神学被伊文神学的火候所铸炼。"[③]

莫尔特曼在格丁根大学从伊文学习系统神学，伊文的《布道—默想》（1946，1960）是莫尔特曼重要的思想来源。[④]伊文神学的中心是宣告耶稣基督作为审判、救恩和应验所有现实的终末事件；这一终末事件通过承约的应许来展现。这样，莫尔特曼就享有伊文的基本方法论预设，即神学思想在其起始点上必须从特殊移向普遍、从历史迈向终末、从道的特有的历史神学移向终末

---

① 霍肯迪克：《教会里外》（Hoekendijk, *The Church Inside Out*, trans. I. C. Rottenberg, Philadelphia：Westminster Press, 1956），第25—26页。

② 莫尔特曼：《希望神学》，第328—329页；《希望的将来：神学作为终末学》，编辑：Frederick Herzog（New York：Herder & Herder, 1970），第36—38页；《宗教、革命和将来》，翻译：M. Douglas Meeks（New York：Charles Scribner's Sons, 1969），第103—106页。

③ 米克：《希望神学的起源》，第30页；也参考曼弗雷德·格勒的论文《约根·莫尔特曼的终末论神学》（Manfred Grellert, Th. D. Dissertation, Southern Baptist Theological Seminary, 1970），第17—27页。格丁根教师对莫尔特曼影响的研究受益于格勒的调查。

④ 汉斯·伊文（Hans Joachim Iwand）：*Predigt - Meditationen*（Gottingen：Vandenhoech and Ruprecht, 1963）；*Nachgelassene Werke*, Erster Band, *Glanben und Wissen*, ed. Helmut Gollwitzer, Munchen：Chr. Kaiser Verlag, 1962。

接触的普遍神学。①就方法论而言，人必须始于有关上帝与人类关系的辩证—历史思想。

对伊文而言，信仰是 fiducia，并与希望紧密关联。伊文说："希望是存在的真正基础……基督徒生活在未来中，并且未来也管治着我们现在的生活。"②伊文指出，基督徒的希望是被钉十架而来的希望，是一个为苦难所纯净的希望。伊文关注罪和死与上帝的释放行动的不可割裂性，引向他对复活作为神学出发点的强调和十字架为不可回避的中心和标准。不是布洛赫，而是伊文首先介绍给莫尔特曼，有关黑格尔对"上帝里的死亡"之现代体验，并理解黑格尔所发展而成的辩证和解。不是巴特，而是伊文首先建议莫尔特曼，从十字架和复活而来的辩证和解，从而提供了他的神学基本方法论的结构。这些主题对莫尔特曼《被钉十架的上帝》之形成至关重要。

此外，伊文亦介绍给莫尔特曼基督徒希望就是人对上帝承约之回应。伊文断言："信耶稣基督意味着活在上帝的承诺应许中，并且盼望一个新的现实。"③ 如此对希望和承约的理解，引向教会作为一个"朝圣教会"（pilgrim church），或一个"出埃及群体"（Exodus community）。在终末等待时，教会的存在即是为了世界，同时教会必须是世界的一个客旅与同路人，并且与世界的需要休戚相关。

3. 恩斯特·沃夫（Ernst Wolf）

莫尔特曼和他的格丁根老师恩斯特·沃夫对社会伦理和终末论的主题有一致的看法。莫尔特曼希望神学的真正出发点，不是在他试图与纯理哲学对话的普遍及本体反思的框架中，而

---

① 伊文：*Nachgelassene Werke*，1：287—291。

② 伊文：*Nachgelassene Werke*，第154—155 页。

③ 伊文：《布道—默想》，第165 页。

是开始于揭开基督教信仰与实践哲学和社会哲学对话的政治—社会量度。社会是基督教神学的释经范围，从中莫尔特曼发展出他的"政治释经"和"政治神学"。沃夫的神学核心是教会对社会的使命，并且批判质疑教会是否顺服于它在社会之使命。①

二　圣经学者

莫尔特曼形容他的《希望神学》为："一个尝试把许多旧约和新约松散的感知、哲学推演和实际困境编织成一幅崭新的系统神学织锦。"②所以，有必要研究莫尔特曼神学方法和一些相关旧约和新约圣经学者之间的相互连接，以便全面评价他的时代处境。

1. 冯拉德和茨莫里（Von Rad & Zimmerli）

冯·拉德指出，神学从特殊移向普遍。莫尔特曼同意冯·拉德的主题，即信仰呈现在一个特定的历史和历史人物中，而且历史应从未来的角度来理解。③他坚持旧约只允许一种上帝和以色列的关系，那就是"上帝在历史中连续的作为"。④格丁根旧约教授茨莫里是另一位联系莫尔特曼理解启示为承约的重要圣经神学家。茨莫里也参与同恩斯特·布洛赫的对话，莫尔特曼与旧约学者和左翼黑格尔学者的互动作用对他的神学发展至

---

①　恩斯特·沃夫：*Peregrinatio*, Vol. 2（Munchen：Chr. Kaiser, 1954, 1965）。*Peregrinatio* 是"在外地旅行"的拉丁文，沃夫用其指出教会和神学在历史中的基本特征。

②　莫尔特曼：《希望神学》，第 21 页。

③　杰哈德·冯拉：《旧约神学》，翻译：D. M. G. Stalker（Edinburgh：Oliver and Boyd, 1962, 1965）。

④　《旧约神学》，第 106 页。

为重要。①茨莫里批判布尔特曼存在主义对承约的解释，认为他并没有足够重视以色列的历史意识。他指出："当我们考察整本旧约时，我们发现自己进入了一个从应许到应验的伟大历史运动。"②他提出系统神学还需要进一步成熟的发展旧约应许的基督论。莫尔特曼继续茨莫里遗留的工作，并完成了希望神学。这些旧约学者给了莫尔特曼一些基本的洞察，帮助他形成一个历史和终末的神学以取代基督教的存在主义。③

2. 恩斯特·卡什曼（Ernst Kasemann）

对莫尔特曼而言，卡什曼的论文《启示论是所有基督教神学之母》，④"不仅是一篇有关开始作基督教神学的历史论文，而且是一篇有关'所有'基督教神学起源和真正本质的系统论文"。在卡什曼的两册论文中，*Exegetische Versuche und Besinnungen* 一文指出，终末论是一把解释新约的钥匙。⑤在另一本论文 *Das wandernde Gottesvolk*（1937）中，卡什曼已经提出一些莫尔特曼的基本神学主张。⑥在此承约应许是基础，终末论是上帝流离

---

①　沃尔特·茨莫里：*Der Mensch und seine Hoffnung im Alten Testament*（Gottingen：Vandenboeck and Ruprecht，1968），第163—178页。

②　茨莫里：《承约和实现》，《旧约释经论文》（"Promise and Fulfillment"，*Essays on Old Testament Hermeneutics*，ed. Claus Westermann，trans. James Luther Mays，Atlanta：John Knox Press，1963），第89—122页。

③　Manfred Grellert，《约根·莫尔特曼的终末神学》（Th. D. Diss.，Southern Baptist Theological Seminary，1970），第32页。

④　恩斯特·卡什曼：《基督神学的开始》，《神学和教会综述》（"The Beginnings of Christian Theology"），*Journal of Theology and the Church* 6（1969）：第17—46页；也参考《新约主题论文》（*Essays on New Testament Themes*，trans. W. J. Montague，London：SCM Press，1964）。

⑤　卡什曼：*Exegetische Versuche und Besinnungen*，Band I und II（Gottingen：Vandehoeck und Ruprecht，1960，1964）。

⑥　卡什曼：Das wandernde Gottesvolk（Gottingen：Vandehoeck und Ruprecht，1939），第6页。

子民的目标。莫尔特曼的神学源于卡什曼是明显的，他说："在新约学者，如德国的奥斯卡·古尔曼（Oscar Cullmann）、根特·伯肯（Gunter Bornkamm）和恩斯特·卡什曼的指导下，我们学习理解耶稣的信息、十字架和复活的事件和弥赛亚教会的宣告。"①

---

① 莫尔特曼：《希望神学》，第22页。

第二章　奥斯威辛方法论

前奥斯威辛方法论虽属概念性的和认知性的导向；然而，莫尔特曼指出："基督教信仰对我而言，与我生活中的特定情况紧密联系，而我的这一情况不仅是个人的，且是社会的。"① 毫不含糊地，莫尔特曼声明："任何人因为这么多的同志、朋友和亲属被撕裂和枪毙而被迫向上帝呼求，不再可能只是从一个完整美善及个人的出发点来做他的神学。'奥斯威辛后'，人如何能谈及上帝，这正是他的问题。"②奥斯威辛事件对正确理解莫尔特曼在战争、苦难、残暴和压迫的处境下的神学方法极为重要。

第一节　奥斯威辛事件

一　在斯瓦提卡（Swastika）的阴影下

1918 年 12 月上旬，德国人在一连串震惊中醒来，德国已在第一次世界大战里失败。一场国内政治革命推翻了皇权统治，废除了德意志帝国和俾斯麦（Bismack）宪法。不久声名狼藉的勒令（Diktat）被强加给战败的德国，军队已在战场上崩溃，德国的政治体系也一样垮台了。"战败而革命就成了我们的命运"，幻灭的特洛尔奇在 1918 年 11 月 11 日迎来停战协议时叹息道：

---

① 莫尔特曼：《自传笔录》，第 203 页。
② 同上。

"我们不再拥有自己的命运了。"①如果停战条约打昏了德国人，那么1919年10月的凡尔赛条约彻底击破了他们的希望。1919年晚冬，特洛尔奇准确地总结当前情况为："德国已在体力和道义上耗尽、疲乏和迷惑。"②

阿道夫·希特勒继承了这样一个国家，他组成一个新而小的政党，德国国家社会主义工人党（NSDAP），不久更以"纳粹"党出名；纳粹源于德文 Nazional 的头两个音节。它成立于1920年2月25日，当时只有60名成员。党的二十五条纲领由三个成员起草，其中之一是希特勒，当时在党的级别中排名第七。吉伯特（Gilbert）写道："其纲领的本质是国家主义，一个'伟大德国'的创立和德国在战败后丧失殖民地的回归。第四点带有种族主义：'只有民族的成员才能成为国家的公民，只有那些德国血统的，不管他们的信条，才能成为国家的成员，所以没有犹太人能够成为国家的成员。'另外一点要求自1914年以来到达德国的所有犹太人都须被强制驱逐：这条规定直接影响超过一万八千名犹太人，其中大多数出生在俄国沙皇时期的波兰行省。"③

一年后，1921年8月3日，希特勒在纳粹党内设立了一个组织以便控制他的成员和骚扰他的对手。这个 Sturmabteilung，或党的"冲锋队"很快以 SS 出名，它的成员被称为冲锋队员，以后在 1926 年发展成一个保卫分队，一个称为党卫军

① 特洛尔奇：*Das Ende des Militarismus*，第172页，cited in Robert J. Rubanowice，《意识危机：恩斯特·特洛尔奇的思想》（*Crisis in Consciousness：The Thought of Ernst Troeltsch*，Tallahassee：University Presses of Florida，1982），第113页。

② 特洛尔奇：*Links und Rechts, Kunstwart*，32（Marz 1919），第168页。

③ 马丁·吉伯特：《种族灭绝：第二次世界大战中的欧洲犹太人历史》（Martin Gilbert，*The Holocaust：A History of the Jews of Europe During the Second World War*，New York：Holt，Rinehart and Winston，1985），第23—24页。

（*Schutzstaffel*）的残酷精锐守卫部队。党的记号成为 *Hakenkreuz*
（弯曲的十字），或万十字（*swastika*），一个在印度使用的古老
梵语词汇和生殖的象征。希特勒声称："在红色里，我们看到运
动的社会思想，白色是国家主义思想，万十字章表示雅利安人向
胜利斗争的使命。"①

　　纳粹党不仅得到中下阶级的强烈支持，而且不少大学生和教
授，甚至马丁·海德格尔也加入了纳粹党。心理学家荣格亦陶醉
于"让整个世界都侧目而视的国家社会主义的强大现象"。②权力
终于在 1933 年 1 月 30 日来临，希特勒被任命为德国总理，这样
第三帝国（Third Reich）有了一个新总管（Fuhrer）。

二　"阴谋闪电战"和奥斯威辛

　　1939 年 9 月 1 日，一种新型战争吞没了波兰：阴谋闪电战
（Blitzkrieg）。③背叛、谎言、诡计和谋杀是阿道夫·希特勒发动
第二次世界大战的标记。到 9 月 27 日，华沙失守，一万两千名
市民死亡，四分之一的城市被毁，其他部分陷入火海。肖邦已经
死去，电台不再广播，笼罩波兰的是一片死寂。希特勒在 8 月份
指令他的司令官，他准备派党卫军（SS）到波兰，"毫无同情或

---

　　①　斯提凡·坎弗：《邪恶的建筑：阿道夫·希特勒怎样迷惑一个国家——并且
恐吓一个世界》（Stefan Kanfer，"Architect of Evil: How Adolf Hitler mesmerized a
nation – and terrorized a world"，*Time*，August，28，1989，p. 49）。

　　②　同上书，国家主义和民族骄傲是这些知识阶层支持国家社会主义甚至纳粹党
的背后推动力。海德格尔起先热烈拥护这个纳粹党，但最后他谴责党卫军的残酷手
段并退党。

　　③　鲁道夫·毕希纳描写俾斯麦于 1866 年对奥地利的入侵为"一个'闪电'类
型的袭击，在科尼拉（Koniggratz）郊外……俾斯麦夸大了法国干涉的危险而在'闪
电战'后达成了一个'闪电和平'"。见《在欧洲框架中的德国历史》（Rudolf Buch-
ner，*German History in its European Framework*，Darmstadt，1975，p. 340）。自此，这个词
汇被用作欺骗、背叛和在军事行动中的诡计。

怜悯地屠杀所有波兰族或波兰语的男人、女人和儿童"。[①]一些柏林的党卫军军官夸口一天枪杀 200 人，但在沉默帷幕后面，在一些无名的村庄如特雷布林卡和奥斯威辛，于以后几年的屠杀将增加到人类理智难以想象的程度。当六年后屠杀中止时，超过五千万人，其中三分之二是平民，遭到枪杀、淹死、炸死、冻死、饿死或用毒气毒死的杀害。这包括六百万犹太人被用毒气杀死在六个死亡营里：奥斯威辛、特雷布林卡（Treblinka）、迈德尼克（Maidanek）、车尔莫（Chelmno）、贝尔兹克（Belzec）和索比伯（Sobibor）。[②]阿拉德（Arad）指出："集中营和死亡营是德国纳粹统治系统的组成部分和实现其政治目标的工具……所有死亡营都建立在纳粹占领下的波兰，它们只有一个目的：对犹太人的全体灭绝……"[③]

奥斯威辛是人类在地球上所犯滔天大罪之一，其他人类劫难，如广岛、柬埔寨船民等，都是神学家需要致力于回应的问题。

第二节　奥斯威辛莫尔特曼

莫尔特曼在他的自传里记录了他在二战中成为一名战俘的经历："1943 年 7 月当我十七岁时，我经历了汉堡的烧毁，当时我

---

①　奥托·弗莱德里奇：《当黑暗降临时》，《时代》，1989 年 8 月 28 日，第 39 页（Otto Friedrich, "When Darkness Fell", *Time*）。

②　Tadeusz Borowski：《女士们、先生们，这就是毒气室》（Tadeusz Borowski, *This Way for the Gas*, *Ladies and Gentlemen*, , trans. Barbara Vedder（New York: Penguin Books, 1976）; also J. Bronowski：《人的上升》（*The Ascent of Man*, Boston: Little, Brown and Company, 1973），第 374—376 页。

③　Yitzhak Arad, *Belzec*, *Sobibor*, *Treblinka*: the Operation Reinhard Death Camps（Bloomington: Indiana University Press, 1987），p. vii.

住在市中心的一个防空洞里。1944 年我上了前线，1945 年我被俘，我于三年后回来，那是 1948 年。在比利时和苏格兰的战俘营里，我经历了那些我曾经视为确实的事情的崩溃。"①沃尔顿（Walton）指出："莫尔特曼在 1944 年被紧急授予一份高中文凭（Notabitur），旋即进入军队，最后结束于英国的战俘营。莫尔特曼经历了最后阶段保卫帝国边界的狂热。"②

　　莫尔特曼在二战中作为一名战犯遭受了个人创伤。作为一名德国人，他看到奥斯威辛大屠杀的恐怖，对此犹太人称之为 *Churban*。人如何能在"奥斯威辛后"谈及上帝？莫尔特曼指出："保持沉默不能带来救恩，而且所有其他谈话对沉重失望者而言都不是解答。这一不再能谈及上帝的情况，但始终被迫谈及祂——作为无法抵抗的罪责和我这一代可怕荒谬的具体经验的结果——看来会成为我神学努力的根源，来反映上帝正持续压缩我到这困惑中。"③

---

　　① 莫尔特曼：《自传笔录》，翻译者查理斯怀特，引用于 A. J. Conyers，《上帝、希望和历史：约根·莫尔特曼和历史的基督概念》（*God, Hope and History: Jurgen Moltmann and the Christian Concept of History*, Georgia: Mercer University Press, 1988），第 203 页。

　　② 罗伯特·沃尔顿：《约根·莫尔特曼的希望神学——解放神学的欧洲根源》，《解放神学》（Robert C. Walton, *Jurgen Moltmann's Theology of Hope - European Roots of Liberation Theology*, in *Liberation Theology*, ed. Ronald H. Nash, p. 151. Grand Rapids: Baker Book House, 1984）。同时参考 Jurgen Moltmann, *Kurschners Deutscher Gelehrten Kalendar*, heraugegeban von W. Schuder, 14, Ausgabe（Berlin, New York: Walter de Gruyler, 1983）.

　　③ 莫尔特曼：《自传笔录》，第 204 页。

第三章　后奥斯威辛的影响

奥斯威辛是人类苦难和人性灭绝的一个象征，没有神学家能够躲避它。斯卡亚（Scaer）总结道："纳粹战争罪行的审判需要将整个国家民族在全世界舆论法庭前，代赎地唤醒过来；但是，战争那一代的儿女们并没有因此分担他们父母的悔恨。忧郁的丹麦人索伦·克尔凯郭尔（Soren Kierkegaard）的自我封闭和自我导向的态度灌输给欧洲人，然后通过卡尔·巴特（Carl Barth）和他弟子们的神学来到美国，蓦然地与一个刚从废墟中成功地捡起自己的世界格格不入。"①

另一名犹太神学家穆斯纳（Mussner）断言："奥斯威辛已行使了一个释经作用……奥斯威辛是一个重新思考的场合。"②事情看来如此无望，以致希望成为剩下抉择中的唯一可能。随着过去的幻灭和其结构的严重毁坏，人的唯一的救赎途径寄予未来。一些犹太和基督教神学家们对此人类悲剧作出了回应。

---

① 大卫·斯卡亚：《希望神学》，《当代神学的张力》（David P. Scaer, *Theology of Hope*, *Tensions in Contemporary Theology*, Stanley Gundry and Alan Johnson , Chicago: Moody Press, 1976）, 2000.

② 弗朗茨·穆斯纳：《关于犹太人的短文：犹太教对基督教信仰的重要性》（Franz Mussner , *Tractate on the Jews : The Significance of Judaism for Christian Faith* , trans. Leonard Swidler, Philadelphia: Fortress Press, 1984）, 第 4 页。引用莫尔特曼，穆斯纳认为，以色列国是分散结束和回归开始的一个标志，第 16 页。

第一节　犹太教对奥斯威辛的回应

莫尔特曼会晤了犹太学者拉比德（Pinchas Lapide），并研究了弗兰兹·罗森维格（Franz Rosenzweig）和杰兴·施乐（Gershom Scholem）的著作，开始了一个基督徒—犹太人对话。①过去二十年有关大屠杀（Holocaust）最著名的犹太思想家是理查·鲁宾斯坦（Richard Rubenstein）、以利沙·博克维奇（Eliezer Berkovits）、埃米尔·法肯涵（Emil Fackenheim）和埃里·威瑟（Elie Wiesel），这些作家背后的动机是调解大屠杀的悲惨与犹太传统中上帝选民的信念。两个主题在这些思想家中显明地呈现：第一个是欧洲人没有在道义上帮助犹太牺牲者，这些人民或机构竟然没有受感动去回应奥斯威辛时，西方伦理中出现了极大错误。第二条思路是转向人类社群来替代西方所提供的个人主义，这些作家不约而同地反对启蒙运动所强调个人成为道德关注之中心的观念，而赞同社群和共同生存的观念。②

一　理查·鲁宾斯坦

鲁宾斯坦的《奥斯威辛后》（*After Auschwitz*）可被视为大屠杀后犹太神学思考的代表作。③鲁宾斯坦以人类行为的现象来评

---

① 莫尔特曼：《自传笔录》，第 205 页。这次对话记录于 Judischer Monotheismus, christliche Trinitatslehre: Ein Gesprach（Munchen: Kaiser Verlag, 1979），里奥达·斯韦德勒的英译：《犹太一神论和基督三位一体教义》（Philadelphia: Fortress Press, 1980）。

② 彼得·哈斯：《奥斯维辛后的道德：纳粹伦理的激进挑战》（Peter Haas, *Morality After Auschwitz: The Radical Challenge of the Nazi Ethic*, Philadelphia: Fortress Press, 1988），第 214—215 页。

③ 理查·鲁宾斯坦：《奥斯维辛后》（*After Auschwitz*, Indianapolis: Bobbs - Merrill, 1966）。

估大屠杀，他进一步延伸这些方法论到心理学的领域，尤其是弗洛伊德心理学的"俗我"（id）与"超我"（superego）之争。他力倡这是自称为新以色列的基督教会与旧以色列之间兄弟竞争父神的爱，希特勒以一个德意志种族的"超我"出现，在他统治下，德国人潜在消除其犹太人兄弟的竞争欲望成为可能。在德国人的"俗我"上，希特勒成为指导国家来根除犹太人的"超我"。这就是为什么，鲁宾斯坦断言，死亡营暴露了如此丑恶污秽的欲望。①

对鲁宾斯坦而言，如此大屠杀就是一场神话性的斗争或一个心理性的神话。②因为正是这个神话构成了大屠杀的可能性，我们最重要的任务就是揭穿整个阴谋，因为这个原因，鲁宾斯坦与"上帝死了"的神学联系起来。奥斯威辛，在此，杀死了上帝的信念。莫尔特曼引用鲁宾斯坦的话来说："他的问题是人如何能在'奥斯威辛后'说起上帝，进而言之，他的问题是不是奥斯威辛后人如何能不谈及上帝？如不关于上帝，奥斯威辛后，人又能谈论什么！"③

在这个意义上，莫尔特曼回应着鲁宾斯坦在"奥斯威辛后"对上帝的追寻，并在更大范围内回应了保罗·冯·布伦（Paul van Buren）、威廉·汉密尔顿（William Hamilton）、盖布里埃尔·冯宁（Gabriel Vahanian）、约翰·鲁宾逊（John Robinson）和汤玛斯·阿勒泰则（Thomas Altizer）的"上帝死了"的神学。

---

① 有关鲁宾斯坦运用心理学范畴来重新解释犹太主义，参考他的《奥斯威辛后》，《宗教想象》（*The Religious Imagination*）和《我的兄弟保罗》（*My Brother Paul*），节录于彼得·哈斯的《奥斯威辛后的道德》，第 170 页。

② 同上书，第 119 页。

③ 莫尔特曼：《自传笔录》，第 204 页。

二　埃米尔·法肯涵

法肯涵对大屠杀的反思也许是在对这个近代压倒性历史事件，众多哲学和神学的回应中最具影响力的。他的主要著作《上帝在历史中的出席》是想把上帝和大屠杀遇难者，在辩证张力中联系起来的一次严肃尝试，①这个辩证张力出现于传统犹太神学思索中，尤其反映在犹太拉比的经典《米示大》（*Mishnah*）里。《米示大》注释方法允许人来创作故事和神话，来寻找一个特定张力中的意义。耶路撒冷被罗马将军提多于主后70年摧毁后，犹太人如何去调解此事件与耶和华的信仰呢？这种方法被现代世俗主义生活的非神圣化所挑战，大屠杀代表了世俗主义的终极意义。这个辩证张力的综合是采用一个新的神话，在奥斯威辛的事件里，犹太人生存的宇宙价值被肯定。奥斯威辛的真理是犹太人必须继续相信赐予生命的以色列上帝，并必须把犹太教的持续生存看作一个神圣的诫命。②

追随犹太存在主义哲学家弗兰兹·罗森威格（Franz Rosenzweig，1886—1929），法肯涵用一种直接存在的形式提出他的案例。③因大屠杀代表了绝对邪恶和死亡，所以回应必须促使个人把自己献身于大屠杀的反面，即生存和生命。法肯涵所要表达的

---

①　埃米尔·法肯涵：《上帝在历史中的出席》（*God's Presence in* History，New York：New York University Press，1970），和《犹太人返回历史》（*The Jewish Return into* History，New York：Schocken Books，1978）。

②　彼得·哈斯：《奥斯威辛后的道德》，第224页。

③　有关法肯涵受罗森威格影响的叙述见《这二十年》，《对过去和未来的寻索》（Emil Fackenheim，*Quest for Past and Future*，Bloomington，1968），第3—26页。罗森威格的主要著作《救赎之星》，参考朱利斯·古特曼的《犹太教哲学：从圣经时代到弗兰兹·罗森威格的犹太哲学历史》[Julius Guttmann，*Philosophies of Judaism：History of Jewish Philosophy from biblical Times to Franz Rosenzweig*，trans. David W. Silverman（New York：Schocken Books，1964），第416—451页]。

大屠杀的关键点就是所有人都在世界的神话建构上演绎着。我们现有两种可能：（一）在奥斯威辛达到顶峰的世俗主义，和（二）指向仅为生存的缘故而信赖上帝的犹太教存在主义。在《被钉十架的上帝》里，莫尔特曼引述法肯涵，如此断言："犹太教的回应可被描述为上帝强迫以色列，通过苦难来悔改。"①在《圣灵能力中的教会：对弥赛亚教会论的贡献》一书中，莫尔特曼直接指出："以色列的未来不在列宁而在耶路撒冷。"②有关奥斯威辛和莫尔特曼关系的研究将继续在下文有关神义学的方法展示中进一步讨论。

第二节　基督教对奥斯威辛的回应

奥斯威辛，作为神学再思和重建的处境，激起了基督徒神学家来重审他们的神学方法。在这个重建中，笔者选用三位著名神学家来加以讨论：德国神学家约根·莫尔特曼（改革宗）、沃尔法特·潘能伯格（路德宗）和约翰·巴普蒂斯特·默茨（罗马天主教）。在美国，另外两位路德宗神学家，卡尔·巴腾（Carl Braaten）和罗伯特·詹森（Robert Jenson）坦率直言有关奥斯威辛事件，但这一节只限于讨论默茨、潘能伯格和他们与莫尔特曼的关系。

---

①　莫尔特曼：《被钉十架的上帝：作为基督神学基础和评判的基督十架》（New York：Harper & Row，1974），第 102 页和注脚 51，法肯涵的论文《希望的诫命》，《希望的未来》，编辑：W. Capps（Philadelphia 1970），对理解法肯涵和莫尔特曼对他的回应很重要。

②　莫尔特曼：《圣灵能力中的教会：对弥赛亚教会学的贡献》（New York：Harper & Row，1977），第 140 页和注脚 16，莫尔特曼引述法肯涵的论文《希望的诫命》来指明他以色列的将来在耶路撒冷的断言。

一　约翰·巴普蒂斯特·默茨（Johann Baptist Metz）

约翰·巴普蒂斯特·默茨列于新经院派思想家，如卡洛斯·科尼利马（Carles Cirne－Lima）、伯纳德·隆根（Bernard Lonergan）、迈克尔·诺克（Michael Novak）和他在第二次梵蒂冈会议前的老师卡尔·拉纳（Karl Rahner），他被认为是一名出色的新托马斯主义者。①他的神学重建被认为是一个范式的转移（paradigm shift）：②从中世纪"宇宙中心论"到启蒙时代"个人的人类中心论"，最后转移到现代的"社会—政治人类中心论"。③他总结政治神学是康德理性批判后，为基督教信仰所设置之障碍的唯一有效的回应。"后批判神学"发展出"社会—批判神学"，它经常在预期的终末现实指导下评判当前的社会—政治情况。教会应当成为针对现代社会的必要性和解放性批判的调解者，这是人类社会的苦难所产生的第二次宗教改革。④

---

① 沃尔特·卡普斯：《时间入侵主教堂：在希望学派中的紧张局势》（Walter H. Capps, *Time Invades the Cathedral*: *Tensions in the School of Hope*, Philadelphia: Fortress Press, 1972），第62、71页。卡普斯把这章标题为"约翰·默茨：从前提到实践"。

② 汤玛斯·S. 库恩：《科学革命的结构》（Thomas S. Kuhn, *The Structure of Scientific Revolutions*, Chicago: University of Chicago, 1970），第111—135页。虽然库恩的工作主要是科学范式转移，但这一范式转移的概念自此被运用于许多其他不同领域，参考斯蒂芬·佩珀的《概念和品质：一个世界的假设》（Stephen Pepper, *Concept and Quality*: *A World Hypothesis*, La Salle, Illinois: Open Court, 1966），第15—28页。

③ 约翰·默茨：《在政治神学光照中的宗教和社会》，《希望的未来》（Metz, "Religion and Society in Light of a Political Theology", *The Future of Hope*, ed. Walter H. Capps, Philadelphia: Fortress Press, 1970），第136—154页。这里用宇宙中心论来表示宇宙是研究的中心主题，宇宙中心论包括托勒密宇宙地心说的观念，这是中世纪有关宇宙的主导思想。

④ 约翰·默茨：《浮现的教会：在一个后资产阶级世界中未来的基督教》（Johannes Metz, *The Emergent Church*: *The Future of Christianity in a Postbourgeois World*, trans. Peter Mann, New York: Crossroad, 1981），第51页。

　　默茨断言："奥斯威辛后，所有与人民和他们具体情况无关的高深神学必须终止存在。"① 默茨声称研究神学及其建构，若不为奥斯威辛所影响，或可能不受此事件所影响，都是不可能的。他建议一个评估神学的标准："问一下你自己，你正在学习的神学在奥斯威辛之前和之后是否维持不变，如果这是个没有改变的情况，就要警惕！"②

　　在他的神学建设中，他提出了两项建议：第一，奥斯威辛后的基督教神学必须有一个指导思想，就是基督徒只有在犹太人面前才能形成和足够理解他们的身份。第二，在奥斯威辛灾难面前学会说"我"才是神学自身的一项崇高工作。③基督徒不可以再回到奥斯威辛之前，但我们也不能跨越奥斯威辛之外，除非同奥斯威辛的牺牲者并肩向前。他说："奥斯威辛的死亡者应该带给我们一个完全的转化；没有东西该被允许保存它以前的样子，不管是在我们的群众中间或在我们的教会里面。"④

二　沃尔法特·潘能伯格（Wolfhart Pannenberg）

　　在20世纪50年代，许多人感到开始呈现在德国神学期刊上的新神学重点。潘能伯格（1928—）是这组神学重建主义者中，第一个把上帝在具体历史情况中的应许作为一个系统理念介绍的

　　① 约翰·默茨：《浮现的教会：在一个后资产阶级世界中未来的基督教》（Johannes Metz, *The Emergent Church: The Future of Christianity in a Postbourgeois World*, trans. Peter Mann, New York: Crossroad, 1981），第23页。

　　② 同上书，第28页。

　　③ 默茨：《面对犹太人：奥斯威辛后的基督教神学》，《大屠杀的解释》（*The Holocaust as Interruption*, ed. Elisabeth Fiorenza and David Tracy, Edinburgh: T. & T. Clark Ltd., 1984），第26—27页。

　　④ 默茨：《危急的教会》，第29页。

人。他在 1959 年所写《历史的救赎事件》的论文里，应许和应验的观念首次被运用于试图重新定义"启示"和"历史"的意义，并证明它们的不可分性。[①] 在这一早期论文里潘能伯格寻求一个现实整合的观念，同时可以运用于上帝的启示作为历史的意义和作为世界事件的历史的意义。他著名的格言是："历史是在其整体中的现实。"（History is reality in its totality）[②] 因此，潘能伯格的神学通常被归诸历史神学。[③]

那一时期潘能伯格和莫尔特曼在乌伯特（Wuppertal）一起教书。到 1961 年，潘能伯格拒绝接受应许—应验的解释比他自己所提倡的启示就是历史的理解更接近古老的启示教义。[④]因为他把历史视作启示的关键，所以他可被称为一位历史神学家。历史具备被任何有见地之人解释的能力，无须超自然介入的需要或用来提供理解历史的意义。莫尔特曼和潘能伯格的差异主要是莫尔特曼保留了上帝通过祂话语来启示的信念。两人都试图突破布尔特曼非历史终末学的范畴；然而，莫尔特曼的启示概念接近现实的本体过于历史的可能性。上帝的历史应许之实在，对上帝的

---

① 沃尔法特·潘能伯格：《救赎事件和历史》，《旧约释经论文集》（Wolfhart Pannenberg, "Redemptive Event and History", trans. Shirley Guthrie, in *Essays on Old Testament Hermeneutics*, ed. Claus Westermann, Atlanta: John Knox Press, 1960, 1963），第 314—335 页。

② 潘能伯格：《神学中的基本问题》（Pannenberg, *Basic Questions in Theology*, trans. George H. Kehm, Philadelphia: Fortress Press, 1970），第 21 页。

③ 哈威·康：《当代世界神学：平信徒的手则》（Harvie M. Conn, *Contemporary World Theology: A Layman's Guidebook*, Philadelphia: Presbyterian & Reformed Publishing Co., 1973），第 67—72 页。

④ 《启示作为历史》（*Revelation as History*, trans. David Granskou, New York: Macmillan Co., 1968）；《神学作为历史》（*Theology as History*, ed. James M. Robinson and John Cobb, New York: Harper & Row, 1967），第 258—260 页。

自我启示来说，事实和认知上都有优先地位。①

小　结

本章辩证奥斯威辛的具体历史事件是讨论莫尔特曼方法论的关键点，莫尔特曼的神学方法属于一个主要关注人类苦难和社会压迫现象的社会—现象学方法。这是"非人化"（dehumanization）的社会和现象批判，奥斯威辛被当作这一"非人化"的象征。

莫尔特曼拒绝了在基督教信仰个人私有基础上的康德先验方法，但是他采纳了黑格尔的辩证和解统一法作为一个方法论原则。莫尔特曼更进一步拒绝了胡塞尔、早期海德格尔和批判客观性、历史性和终末性信仰的布尔特曼所发展起来的现象学方法。另外，莫尔特曼辩驳后期海德格尔和巴特的方法更适用于巴门尼德（Parmenides）的上帝，与显示自己在历史中的应许和希望的圣经上帝截然不同。莫尔特曼自己的方法不是一个人类意识的内省分析，而是一个人类苦难和社会压迫的社会学分析。

他重新开启了被迪尔蒂（Dilthey）的历史批判论方法、特洛尔奇（Troeltsch）的社会学神学和朋霍费尔的世俗基督教所提出的问题。信仰的群体和公共方面比原子说、存在主义和个人主义的方法更受重视，这样的社会学方法进一步汲取了黑格尔的乌托邦主义的自由、马克思无产阶级的革命和布洛赫希望弥赛亚的哲

---

① 有关潘能伯格的历史理解和解释，参考他对伽达默尔的批评，《释经和普遍历史》，《历史和释经》（Gadamar, "Hermeneutics and Universal History", New York: Harper & Row, 1967），第145—146页。有关历史的客观辩护，参考他的《神学和科学哲学》（*Theology and the Philosophy of Science*, Philadelphia: Westminster Press, 1976），第88—103页；卡尔·洛维斯：《历史的意义》（Karl Lowith, *Meaning in History*, Chicago: University of Chicago Press, 1957），第170—171页。

学，莫尔特曼进而为这个"没有上帝的未来"的人文主义方法定位，使之成为"有未来的上帝"的基督教方法。这是他继承格丁根教师的终末学启示论。

　　对这个方法论范围的描述清楚显明了奥斯威辛是莫尔特曼神学的出发点，神学不是主观的、个人主义的、存在主义的、私有的和个体的；而是客观的、社会的、公众的和革命的。奥斯威辛之后对灭绝人性和压迫的抗衡必须作为所有神学建设的决定性因素。

第二编
追根究底：莫尔特曼
希望神学的分析

　　前一编涉及莫尔特曼方法论的处境，而这一编检验莫尔特曼自己的神学方法。全编分成两部分：首部作出"历时性"分析，然后展示"共时性"的主题。历时性方法研究莫尔特曼神学方法的有机性生长和发展，此法亦名为纵向法，因为它通过时间来追踪一个思想的进展。共时法提供了莫尔特曼方法的一个主题描述；在圣经神学中，此法也被称为横切法，因为它解剖一个系统的结构，并揭示它的内部成分。这两种方法在本编中用来说明莫尔特曼的神学方法。

第四章　莫尔特曼希望神学的"历时性"分析

　　"历时性"（diachronical）分析是尝试去理解莫尔特曼神学方法的发展与进展，它是纵向的、前进的和对一个撰写成书历史的有机性理解。凯萨（Kaiser）称一些恒常及统一的主题贯通在历史时间长河内，如此历时法试图去检测这生长化成的过程。凯萨解释了旧约的历时性研究："有一个事件、意义和教导的记录随其时间的发展，围绕一个固定核心的成长，每一阶段都为整体贡献出生命。"①历时法好比一棵橡树的橡子，生长成熟后成为橡树，橡子并没有因生长为成熟的橡树而被替代。此过程的发展犹如长江后浪推前浪，历史长河接踵而来的时代只是包含了先前的顶峰，并启动了进一步发展的新纪元。这个波浪式的概念有助于理解莫尔特曼神学方法那发展的和动态的方面，而又联合于恒定的主题。

---

　　① 这一神学方法的研究途径为沃尔特・凯萨提及，《通向旧约神学》（Walter C. Kaiser, *Towards an Old Testament Theology*, Grand Rapids: Zondervan Publishing House, 1978），第 8 页。莫尔特曼知晓这一方法论的途径，在《创造的上帝》中，他说："所有这些级别的精神组织原则都相同：1 共时性（synchronical）：自我申明和综合；2 历时性（diachronical）：自我保存和自我超越。"（p. 17）一般而言，在圣经神学里，冯拉德（von Rad）的旧约神学被归为历时性方法，借此宣告和陈述以色列贯穿在民族历史中的承约。另外，沃尔色・艾希若特（Walther Eichrodt）的旧约神学被归为共时性方法，借此以色列信仰的中心被定为上帝的圣约，所有其他教义都为其支持。

　　莫尔特曼揭示他自己的方法，以三个连续发展时期来描述。第一个时期被莫尔特曼称为"一个焦点上的整体神学"。在这一时期，他写了《希望神学》（1964）、《被钉十架的上帝》（1975）和《圣灵能力中的教会》（1975）。在这些著作里，莫尔特曼从一个中心焦点或从一个镜头来分析和组织全部神学的资料。第二个时期被莫尔特曼称为"运动、对话和冲突中的神学"。在这一时期中，作为"信仰和秩序"普世教会对话委员会的成员，莫尔特曼致力于同马克思主义者、天主教和犹太教神学家进行广泛和深入的对话。第三个时期被莫尔特曼称为"一个贡献整体的部分"，它代表了自我批判的阶段和对一个系统神学更大范围的贡献。①这一莫尔特曼希望神学的历时性研究将以他的自我分析来详细阐述。

第一节　在"一个焦点上的整体神学"

　　莫尔特曼这一时期的著作是他的神学形成期，他一方面反对布尔特曼存在主义的非历史性方法，另一方面与"上帝死了"的神学作抗衡。②莫尔特曼的希望神学是他对 20 世纪 60 年代"上帝死了"的神学公开决裂。他离开了这些人为上帝所挖的坟墓，并拒绝不断传入耳中的挽歌。"上帝死了"神学家们断言，

---

①　莫尔特曼：《自传笔录》，第 203—223 页。

②　"上帝死了"的神学通常与四个名字相联系：Gabriel Vahanian of Syracuse U-niversity（《上帝之死》，New York：George Braziller，1961），William Hamilton of Colgate – Rochester Divinity School（《基督教的新本质》，*The New Essence of Christianity*，New York：Association Press，1961），Paul van Buren of Temple University（《福音的世俗意义》，*The Secular Meaning of the Gospel*，New York：Macmillan，1963），and Thomas J. J. Altizer of Emory University in Atlanta（《激进神学和上帝的死》，*Radical Theology and the Death of God*，Indianapolis：Bobbs – Merrill Co.，1966）。

在世俗的时代宗教问题将不再相关适切社会。莫尔特曼却声称所有宗教和世俗的问题都是开放的，不管是否在世俗的时代，上帝的问题总是相关的。正好是因为世俗主义，上帝的问题必须有一个历史性的回答，并且历史的问题只能在未来的视野上回答。

一 《希望神学——基督教终末论的根据与含义》(1964)

莫尔特曼在《福音神学》(*Evangelische Theologie*)期刊撰写有关"应许和历史"议题的文章，他的目的是调解与融合冯拉德 (Gerhan dvon Rad) 和茨莫里 (Zimmerli) 的旧约神学与布尔特曼 (Bultmann) 与恩斯特·卡什曼 (Kasemann) 的新约神学。布尔特曼的新约神学是建立在魏斯 (Weiss) 和施韦泽 (Schweitzer) 的基础上。①他评论魏斯说："当我开始学习神学时，神学家和平信徒都被约翰尼斯·魏斯的神学所激动和惶恐，我记得在柏林的教理论老师朱利叶斯·卡夫藤 (Julius Kaftan) 说：'如果约翰尼斯·魏斯是对的，并且上帝国度的概念是终末论的，那就不可能把这一概念用于教理论上。'但几年后，他们中间的神学家卡夫藤开始相信魏斯是对的……今天无人再怀疑耶稣传讲上帝国度的理念是终末论的，至少就我所能看到的欧洲神学中，也在美国新约学者中间，都有如此看法。确实，越来越明显终末论的企盼和希望是宣讲整个新约的核心。"②

然而，布尔特曼超越了魏斯的终末论理解。魏斯主张圣经终末景象包括一个宇宙论，新约群体对终末的期盼预设了当前世界的即将结束；但魏斯认为这个新约群体持有的世界观为现代人所无法接受。原先解释宇宙论的词汇现在必须以个人或人类学的词

---

① 莫尔特曼：《希望神学》，第 37 页。

② 鲁道夫·布尔特曼：《耶稣基督和神秘学》(Rudolf Bultmann, *Jesus Christ and Mythology*, New York: Charles Scribner's Sons, 1958)，第 13 页。

汇来重新解释。① 这个从宇宙论转移到人类学范畴的解释影响了布尔特曼的存在主义方法。布尔特曼以破除神话的方法试图以神话来重新解释圣经的纪录，这些圣经神话故事仍能引起存在的相关性。此种对"终末论神话"解释是存在主义的方法，十分类似"实现终末论"（Realized Eschatology）。

"实现终末论"或称为"已济终末论"，是一种神的应许得以应验在基督身上的终末论，并且历史是终结在信仰的实践中。在"旧约对基督教信仰的重要性"的论文中，布尔特曼断言旧约之能被宣布为上帝的话，"只要它是确实应许的——那就是，为基督徒对存在理解的准备"。②这里所谓的应许只被解释为存在主义对新约有关信仰的解读，即新约对现代人的存在意义。

当旧约有关立约、国度和选民的信仰同以色列的存在经验相冲突时，布尔特曼力倡这个信仰就成为终末性。布尔特曼的存在主义方法被他自己的学生卡什曼所批判，他说他的先师是"一个十九世纪的人"，并告诉他的学生当马堡学派用存在主义解释来取代新约传统时，他只是"观看他自己的肚脐"。③他批判布尔特曼的人类学的重点和存在主义的阐释，他建议终末论的释

---

①　约翰尼斯·魏斯：《耶稣对上帝王国的宣告》（Johannes Weiss, *Jesus' Procla-mation of the Kingdom of God*, ed. & trans. Richard H. Hiers and D. Larrimore Holland, Philadelphia: Fortress Press, 1971），第 135 页。

②　鲁道夫·布尔特曼：《旧约对基督教信仰的重要性》，《旧约和基督教信仰：一个神学讨论》（Rduolf Bultmann, *The Significance of the Old Testament for the Christian Faith*, *The Old Testament and Christian Faith: A Theological Discussion*, ed. Bernhard W. Anderson, New York: Harper & Row, 1963），第 50—75 页；也参考《耶稣和神秘学》（*Jesus and Mythology*, New York: Charles Scribner's Sons, 1958），第 8—15 页。

③　卡尔·亨利：《现代神学的边界：当前神学趋势的评判》（Carl Henry, *Fron-tiers in Modern Theology: A Critique of Current Theological Trends*, Chicago: Moody Press, 1965），第 16 页；也参考恩斯特·卡什曼《新约主题论文集》（Ernst Kasemann, *Essags on New Testament Themes*, trans. W. J. Montague, London: SCM Press, 1964），第 34—56 页。

经法。

对卡什曼而言，原始基督教所宣讲的中心不是布尔特曼所谓信心的主体，而是对所期待最终实现的终末论教导的解释。上帝差遣了他的儿子，这是具有启示性的信息。此"启示的复兴"（Apocalyptic Renaissance）为卡什曼激昂的声言所点燃："启示论是基督教神学之母。"①他所谓的启示论不是对世界末日事件的推测，而是对神学基本问题的阐释："上帝在其国度中何时才是真正的上帝，并且他的公义何时在世界上得到凯旋的胜利？"

这个上帝的"终末法律惩罚"（eschatological justalionis），不仅被理解为个人现今的称义，而且是上帝对世界的未来统治。他强调在终末论的现今和未来中有一辩证法是不能归纳进布尔特曼人类学范围的。对卡什曼来说，统合人学（anthropos）和宇宙论（cosmos）终末论的解释唯一合适的范围是宣教。这个主题将在进一步探究莫尔特曼第三项主要工作《圣灵能力中的教会》时讨论。

莫尔特曼公开承认："我个人在神学上的思想早已被我在格丁根研究沃尔特·茨莫里和恩斯特·卡什曼时转移到了这个方向。"②与巴特和布尔特曼不相同之处乃是莫尔特曼力倡启示的理解不属于上帝观的教义，也不属于人类学；应该属于"终末的理解，此理解就是在于应许和期望未来真理的领域上"。③ 他总结这一应许和终末论的概念为："应许的普世性在雅威（Yahweh）对所有人的主权应许中找到它的终末点，应许的强度在于

---

① 恩斯特·卡什曼：《今天的新约问题》（Ernst Kasemann, *New Testament Questions of Today*, trans. W. J. Montague, Philadelphia：Fortress Press, 1969），第102页；也参考 Klaus Koch《启示论的重新发现》，第22卷（Klaus Koch, *The Rediscovery of Apocalyptic*, vol. 22, Naperville：Alec R. Allenson, Inc., 1975），第13—17页。

② 莫尔特曼：《自传笔录》，第206页。

③ 莫尔特曼：《希望神学》，第43页。

对死亡的否定中找到了它的终末方法。"①

1960 年是莫尔特曼的另一个转折点，他在去瑞士的一次旅行中发现了布洛赫的《希望原理》（*Prinzip Hoffnung*）。他即刻及自发的反应是："为何基督教神学容许失去这一重要的希望主题呢？在当今基督教里何处去寻找此朴实的基督希望精神？"②

这是他的转折点，这一希望的思想给予他致力于希望神学的动力。当他正致力于这一希望神学时，所有其他领域，包括应许圣经神学、终末论希望、国度神学、希望哲学的具体成分和其对历史、社会、政治活动的趋向等都能统摄在一个完整的系统内。

莫尔特曼认为他自己正在神学方法上走向一个范畴的转移，库恩在科学革命中观察到此范畴的转移："因为新范畴出于旧范畴，它们通常会合并许多传统范畴所使用的概念性、控制性的词汇和设备，但它们很少以传统的方法来使用这些外借的因素。"③

莫尔特曼运用荷兰使徒神学家阿诺德·冯·鲁勒（Arnold van Ruler）的历史编纂学中的"爱、信、望"来描绘这一范畴转移。他指出，从奥古斯丁的时代起，"爱的神学"主导了整个中世纪，莫尔特曼称此为转化之爱。然后，它被改革时代"信的神学"所取代，莫尔特曼称其为超越之信。莫尔特曼描写这一历史编纂学的最后时期为"望的神学"，他称为激进之望，这是一个现代新的神学方法。④ 他引用康德所提出的问题："我能够盼望什么？"作为现代的宗教问题。因此，莫尔特曼断言："希望

①　莫尔特曼：《希望神学》，第 132 页。

②　莫尔特曼：《自传笔录》，第 207 页。

③　库恩：《科学革命的结构》（Kuhn, *The Structure of Scientific Revolutions*），第 149 页。

④　莫尔特曼：《希望神学》，第 24—25 页。他拒绝了德国唯心论和布尔特曼存在主义，而赞成"一个通向现世的、具体的、社会的实在"。

神学就是当今时代的神学。"①

　　这样，希望成为莫尔特曼神学的主题和他的神学中心（*Mitte*）。他的神学不仅是关乎希望，而是源自希望。他总结这一时期所从事的神学方法为"从希望的角度进行神学性的思考，以这一焦点统摄神学的整体，再以这一亮光来观看所有新事物"。②他直接地为其神学方法作出如下的定义："实际上，无论如何，终末论意味着基督教＝希望的教义，它拥有希望的对象和激发它的希望。从开始到末后，而不仅在结语，基督教是终末论，是希望，前瞻和前进的，所以也是革命和转化现今的。终末不是一个因素，而是基督教信仰的媒介，关键是每件事物在其中都设定，曙光中充塞着万物，期待着'新日'的来临。因基督徒的信仰从被钉的基督复活后得以活过来，并奋力追求普世性基督未来的应许。终末论是充满热忱的受苦和为弥赛亚点燃的热切期盼。因此，终末论不能只是基督教义的一部分，更确切地，终末展望具有所有基督的宣告、每个基督徒的存在和整个教会的特征。"③

　　莫尔特曼在《希望神学》中处理的主要问题是终末论和启示论、应许和应验、复活和基督的未来、终末和历史、出埃及的教会等基本关系。历史性的释放和终末性的拯救需要从单一观点来集中审视。大多数教义神学家采用上帝观为系统神学的出发点，莫尔特曼却以终末希望为神学中心的主题，并以此为起点。希望神学不只包括灵魂的拯救，而且尚有历史性的释放、终末性的公义、人性化的人类、社会性的人类与万有的和平，④《希望神学》被视为莫尔特曼神学的根基，其副标题为"本于基督终

---

① 莫尔特曼：《自传笔录》，第209页。
② 同上书，第208页。
③ 莫尔特曼：《希望神学》，第16页。
④ 同上书，第303页。

末论的基础和含义"，其他主题即在莫尔特曼的后期作品中引申
讨论。

二　《被钉十架的上帝》(1972)

米克（Meeks）精辟地观察到："在莫尔特曼神学的形成阶
段，他不断觉察到近代神学中的一个严重悖论。一方面，神学面
对外部不适切的危机，因为它所宣告有关上帝和复活的道理不能
与人类存在的实际历史问题接轨。另一方面，当它试着与现代意
识适切相关时，却抛弃了复活节叙述的历史和终末证明，由此产
生内部意义丧失的危机。"①

外部无关性和内部身份的危机被莫尔特曼在终末基督论和基
督终末论中得到调解。终末基督论代表莫尔特曼辩证神学的开始
阶段。最初，莫尔特曼寻求建构一个历史观，使得基督的复活可
理解为现代人所相关于当代历史的存在。他从事的关键问题是上
帝在当今现实历史中，如何能建基于复活的基础上。基督终末论
代表他发展的第二阶段，这是在历史中的基督徒身份问题，此理
解是取自于终末临在和上帝在十字架上的苦难。十架和复活互相
映照阐释，这是《被钉十架的上帝》的任务，此书承接《希望
神学》的观点，并形成基督徒希望的神学基础。②莫尔特曼在
《被钉十架的上帝》的导言中，宣告"十架神学无疑是希望神学

————————

　　①　米克：《希望神学起源》（Meeks, *Origins of Theology of Hope*），第 93 页。这
一讨论见于《被钉十架的上帝》的开篇，它是由一双重危机组成的悖论：一个适切
相关性危机和一个身份失落的危机。莫尔特曼说："神学和教会越试图同当代问题相
关联，它们就越陷入它们自己基督教身份的危机。"（第 86 页）

　　②　莫尔特曼：《被钉十架的上帝》，翻译：R. A. Wilson and John Bowden（New
York：Harper & Row, 1974）。

的另一面，后者的出发点是在于被钉十字架基督的复活上”。①

《被钉十架的上帝》主要处理基督的十架对神学、教会和社会的意义，遵循《希望神学》的方法，莫尔特曼从一个单一视角观望神学的整体，此焦点就是十字架。十字架成为莫尔特曼基督神学的基础和衡量的尺度。对基督教神学来说，让上帝在十架上基督的体验成为所有关于上帝思想的核心。这是基本的进路。进一步而言，神学的审核包含在如此的事实中，即所有神学家最终将站在被钉十字架的基督前，寻求基督在十字架上被遗弃的神学解释。

莫尔特曼指出，神学衡量的尺度是上帝不以他的威力和威严向不信者显示他自己，而是在苦难和十架上的代赎来使罪人得以称义。这是在宗教改革时海德堡辩论（1518）的主题，那时路德提出他的十架神学（*theologia crucis*）。然而，莫尔特曼却将问题从另一角度来看，不是十字架对人意味什么，而是十字架对上帝意味什么。在西方基督教神学传统中，上帝受苦的观念被谴责。但莫尔特曼所倡导的苦难神学，正是与亚伯拉罕·赫斯切尔（Abraham Heschel）的犹太神学中的上帝之悲情②、日本神学家 Kazo Kitamori 的上帝苦痛③、德国神学家朋霍费尔的受苦上帝、西班牙哲学家蒙诺于纳（Migual de Unamuno）的上帝之悲伤和俄国哲学家贝亚耶夫（Nikolay Berdyayer）的上帝之悲怆异曲同工。④莫尔特曼称这种方法为苦难神学（Pathetic Theology）或奥

---

① 莫尔特曼：《被钉十架的上帝》，翻译：R. A. Wilson and John Bowden（New York：Harper & Row，1974）。

② 莫尔特曼：《被钉十架的上帝》，第 270 页。

③ 莫尔特曼说：“日本路德宗神学家 Kazoh Kitamori 正在撰写《上帝痛苦的神学》（London：SCM Press，1965），在此他发展出一个类似的十架神学，上帝的痛苦治愈了我们的痛苦。”（《被钉十架的上帝》，第 47 页）

④ 莫尔特曼：《自传笔录》，第 211 页。

斯维辛后的基督论。

在 1970 年，莫尔特曼在 "Gott im Kreuz Jesu" 的标题下撰写了十架神学的著作，他说："上帝在十架受难的事件中不再是人们能够大声疾呼和控告的神圣对立面，上帝让他自己进入人类被'神离弃'的凄凉呼喊中。如果我们确实思考耶稣的神性，那么在耶稣的凄凉呼喊'神的离弃'中，其实就是上帝自己为上帝哭泣，那它不只是介于一个被弃的人和一个没有回应的上帝之间的一次闪光事件，而十架确是在上帝和上帝之间的事件。Nemo contra Deum nisi Deus ipse（没有可以对抗上帝的，除了上帝自己）。在十架上，上帝对抗了上帝。所以十架必须被考虑为一个内在三位一体的事件。"①

十架作为上帝社群三一论的证明将在下编有关莫尔特曼的方法论展示中加以讨论，② 不过，有足够理由说被钉十架的上帝对受苦人民有一定的意义。不仅上帝理解人类苦难，而且他顾念受苦的人民。实际上，《被钉十架的上帝》的最后一章涉及"通向人类政治解放的道路"。莫尔特曼说："与政治神学一起思索时，我已下决心比以前更深刻思考有关基督的十架对神学、教会和社会的意义。在一个崇尚成功和幸福，却忽视他人苦难的文化中，提倡一个似乎不成功的，并且死于耻辱的受苦基督的基督教核心信仰，此提醒会打开使人通往真理的眼睛。上帝使被钉十架的这一位复活，并让他成为世界的希望，此提醒会帮助教会割断他们与有权势者的联盟，转而进入与被压迫者的团结。"③

---

① 莫尔特曼，*Umkehr zur Zukunft*（Munchen：Siebenstern Taschenbuch Verlag, 1970），第 144—145 页。

② 莫尔特曼：《被钉十架的上帝：十架的三一神学》（*The Crucified God：A Trinitarian Theology of the Cross*, *Interpretation*，26，1972），第 293 页。

③ 莫尔特曼：*Umkehr zur Zukunft*，第 14 页。

三　《圣灵能力中的教会——弥赛亚教会观的贡献》
（1975）

莫尔特曼意识到他的著作为他生活的时代所制约，并且它们也是对时代产生意义，它们被理解为神学在当今生活的处境和冲突中。这一莫尔特曼三部曲中的第三部著作，进一步展现其神学旅程的进路。他开始把复活节作为基督徒希望的基础，然后他引进受难节作为上帝悲情的探索，最后他结束于圣灵差遣的五旬节。这三个重要的教会节期，对莫尔特曼而言，构成他的三部著作：在《希望神学》，他倡导"被钉十架耶稣的复活"；在《被钉十架的上帝》里，他指出"复活基督的十架"；在《圣灵能力中的教会》中，他开展"圣灵的差遣"，[①]此最后一部的副题是"对弥赛亚教会观的贡献"。莫尔特曼的神学建筑于三位一体模式上，在《三位一体和上帝国度》（1980）中，他进一步扩展为他对神学的系统方法。

虽然这些著作早已在波恩（Bonn，1966）和图宾根（Tubingen，1968，1972）讲述教会论时呈现出来，不过它的形成主要是在他担任瓦色堡（Wasserhort）乡村教牧的五年和在全世界巡回演讲的十年中。[②]他是对教会适切相关性的问题作出回应，他写道："福音教会若不要继续那条带入危机的道路上（从国家教会到人民教会的道路，从人民教会到照顾人民的牧养教会，再到这个社会有组织的宗教），就是要经历更新，并成为在德国人民中属神的人之会众。"[③]

---

① 莫尔特曼：《圣灵能力中的教会：弥赛亚教会观的贡献》，翻译：Margaret Kohl（New York：Harper & Row，1977），p. xvi。

② 同上书，p. xv。

③ 莫尔特曼：《自传笔录》，第213页。

　　这种更新需要从一个"人民的教会"到一个"会众的教会"。莫尔特曼的教会论有时被认作"草根"教会论。他非常坦率地说："地方会众是教会的未来，教会的更新最终依赖于草根阶层的动员，并且看起来，这一层面的更新期待着平信徒有意识地重获圣灵的恩赐。"①然而，莫尔特曼的平信徒神学输入了诸多的社会—政治术语，以致它听起来像马克思主义的宣言。在《圣灵能力中的教会》中所宣扬的发展的确带有不少政治含义。莫尔特曼运用马克思主义的辩证术语，断言："它在自身生命中克服了为劳动分割所产生的疏离，在一个阶级分割和特权持续由加剧劳动和专业化的分割所推动的特权社会里，教会只要是一个如此有神赐能力的群体，就能带出一个越发有人情的未来盼望。"②

第二节　运动、对话和冲突中的神学

　　当莫尔特曼回应世界的挑战时，这意味着他自己的方法论发展。在人生中的某一转捩点，他作出决定，"放弃这种集中神学于一点的方法……"③在他神学方法的第二发展阶段里，莫尔特曼同马克思主义者、罗马天主教和犹太神学家进行了深入的对话。正如在前面所提及的，莫尔特曼的神学是他对生活处境的回应，固然，他也是整体中的一部分。莫尔特曼方法论发展的第二阶段以他扩大的交往为特征，也就是一种对生活的普世性及联合性的方法。这不是联系于一特定的神学"派系"所取得的成果，

　　①　莫尔特曼：《上帝国度范围里的服事教会》，《教会的希望：莫尔特曼与实践神学家对话》（"The Diaconal Church in the Context of the Kingdom of God", in *Hope for the Church: Moltmann in Dialogue with Practical Theology*, ed. & trans. Theodore Runyon , Nashville: Abingdon, 1979），第21页。
　　②　同上书，第41页。
　　③　莫尔特曼：《自传笔录》，第215页。

而是借现实生活奋争的方法和在世界历史中的参与来摄获的。

一 基督徒—马克思主义者对话

莫尔特曼在萨尔茨堡（Salzburg, 1965）、赫伦齐兹（Herrenchiemsee, 1966）和捷克斯洛伐克的玛丽亚（Marienbad, 1967）参加了三次主要的基督徒—马克思主义者的对话会议。前两次为天主教 Paulus - Gesellschcaft 所组织，后一次为捷克科学院所组织，主题是"非人性化"。在这三次对话期间，莫尔特曼的主要论文是"基督教神学的新范畴（Die Kategorie Novum in der christliche Theologie）"、① "基督徒与无神论者—兄弟抑或敌人（Christen und Atheisten – Bruder? Gegner?）"、② "无信仰的希望：一个没有上帝的终末人文主义"③ 和 "Marxisten und Christen in Marienbad"。④ 参加者包括一些来自法国、意大利、南斯拉夫和捷克斯洛伐克的主要马克思主义哲学家和来自西欧与东欧的天主教和新教神学家。麦克因（McInnes）评论说：在新左翼有一个发展，新马克思主义哲学家试图脱离原型的马克思唯物主义，"它是使初期马克思主义者的简单唯物主义和所谓正统辩证唯物主义的空洞教条所影响，而拒绝共产主义的西方知识分子，可以借着理解它为众多在学院教授的理想主义或实用主义的一种，从

---

① 莫尔特曼：*Das Kategorie Novum in der christliche Theologie*, *Ernst Bloch zu ehren*, 编辑：S. Unseld（Frankfurt：Suhrkamp, 1965），第243—263页。

② 莫尔特曼：*Christen und Atheisten—Bruder? Gegner? Protestantischce Texte aus dem Jahre* 1965, ed. Gunther Heidtmann（Stuttgart：Kreuz Verlag, 1966），第142—152页。

③ 莫尔特曼：《无信仰的希望：一个没有上帝的终末人文学》，《基础神学论集》（Hope Without Faith：An Eschatological Humanism without God, *Concilium：Fundamental Theology*, 16, 1966），第25—40页。

④ 莫尔特曼，"Marxisten und Christen in Marienbad 27.4 – 30.4 1967"，*Evangelische Theologie*, 27（1967）：398 – 400。

而接受共产主义"。①对这些发展，麦克因创用了一对立的词汇："马克思主义神学家。"②这阶段发生在莫尔特曼参与马克思主义者与基督徒对话的二十年当中。③天主教和新教神学家在一个开放的社团中进入这一轮与马克思主义者的思想交流，而莫尔特曼的神学方法亦在这些对话里得以塑造起来。

　　然而，这一基督徒—马克思主义者对话，在1968年秋季被华沙条约组织军队对捷克斯洛伐克的入侵所突然中断。不管怎样，对话在政治神学中激发了不少兴趣，政治神学是约翰·巴普蒂斯特·默茨所采用的一个术语。对于莫尔特曼而言，政治神学是彻头彻尾的终末论，它贯穿系统神学的全部。根据他的说法，世上有政治意识和无政治意识的神学，但没有非政治的神学。他试图把改革宗传统和马克思人文主义里的最好部分融为一体，强调人类完全的释放和转化：肉身的、心理的、社会的和政治的。④

---

①　尼尔·麦克因：《西方马克思主义者》（Neil McInnes, *The Western Marxists*, NewYork: Library Press, 1972），第10页。新马克思主义者，或主要从法兰克福学派出来的新左翼，杰出的讲员包括George Sorel, Antonio, Gramsci, Georg Lukac, H. Marcuse。关于马克思主义辩证法同莫尔特曼的关系，参考马丁·杰的《辩证想像》（Martin Jay, *The Dialectical Imagination*, Boston: Little, Brown, 1973），苏珊·博克莫斯的《否定辩证法的起源》（Susan Buck – Morss, *The Origins of Negative Dialectics*, New York: Free Press, 1977）。

②　麦克因说："一个类似计算对马克思主义哲学家中的'马克思主义神学家'的出现负责……天主教和福音派教会得出结论……"《西方马克思主义》，第11页。

③　戴尔·弗里：《基督教马克思主义的批判—— 一个世纪旧异端在伪装》，《解放神学》（Dale Vree, "A Critique of Christian Marxism—A Century Old Heresay in Disguise", *Liberation Theology*, ed. Ronald H. Nash, Grand Rapids: Baker Book House, 1984），第207—214页；也参考莫尔特曼的论文《欧洲的基督教—马克思主义对话》，《东方与西方研究学院》第3期（1985）。

④　莫尔特曼：《宗教、革命和未来》，翻译：M. Douglas Meeks（New York: Charles Scribner's Sons, 1969），第106页。

莫尔特曼的神学方法并没有形成一神学派系，尽管他的神学通常被识别为希望神学。然而，这一神学方法确实为约翰·巴普蒂斯特·默茨（Johann Baptist Metz）的政治神学、詹姆斯·科尼（James Cone）的黑人神学、古斯塔夫·格特里奇（Gustavo Gutierrez）的解放神学、韩国的民众神学（人民的神学）和贝蒂·弗伦丹（Betty Friedan）的女性神学提供了一个理性的推动力。①

二　基督教普世教会的对话

莫尔特曼声称对他神学发展的两个重要对话，分别是1963年他参加的普世教会委员会（ecumenical）关于"信仰和秩序"的对话；另一个是在1976年参加的犹太教—基督教对话。莫尔特曼的中心议题是基督教设立的圣餐（Eucharist Communion）应是发展中的普世教会的基础，他说："我不梦想一个拥有共同教义和实践的普世教会。我确实听到，基督对不同教会的圣餐礼应许，在我个人生活中我接受这个前来圣餐桌前的邀请。在这个去圣餐桌的路上，各人自己的神学进入了圣餐礼的团契中，正如在教会大公议会的圣餐礼团契般，各教会的神学家都聚集在一起。人们不再为了挑剔那些分歧的神学信条、文本和书籍，而是去发现共同的地方……人认识到个人的整体神学只是一个更大整体的

---

① 关于女性神学，参考贝蒂·弗伦丹《女性的神秘》（Betty Friedan, *The Feminine Mystique*, New York: W. W. Norton, 1963）；也参考莫尔特曼和他妻子伊利萨白·莫尔特曼—温德尔的《上帝中的人性》（Elisebeth Moltmann - Wendel, *Humanity in God*, New York: Pilgrim Press, 1983）。关于政治神学，参考默茨的著作《浮现的教会：在一个后资产阶级世界里的基督教未来》（Metz, *The Emergent Church: The Future of Christianity in a Postbourgeois World*, trans. Peter Mann, New York: Crossroad, 1981）。关于格特里奇的解放神学，参考他的著作《解放神学》（Gutierrez, *A Theology of Liberation*, Maryknoll: Orbis, 1973）。关于黑人神学，参考詹姆斯·科尼的《被压迫者的上帝》（James Cone, *God of the Oppressed*, Minneapolis: Seabury Press, 1975）。

一小部分，从而超越了人所设定的极限。"①

这一圣餐礼被视作新教和天主教的一个聚焦点，正是在这样一个基础上，莫尔特曼进入与罗马天主教神学家的普世教会对话。在莫尔特曼的论文《十架下的普世教会主义》②，他写道："今天在圣餐礼共同起源的光照下，人们试图在神学上理解圣餐礼。卡尔·拉纳（Karl Rahner）称呼教会自身为'基础圣礼'（Grundsackrament），基督为'源始圣餐礼'（Ursakrament）。与此相似，卡尔·巴特称道成肉身为'一个伟大基督教的奥秘和圣餐礼。'基督的人性是'第一个圣礼'。在他的后期著作中，巴特排除了圣餐礼概念的使用，而只论及'见证'（Bezeuqungen），因为上帝和人类之间发生在基督的和解是'独特单一的一次为全体成就的圣礼'。在过去圣礼的教义标识为实证的与法律性的思想与理解，而今天我们能在基督论的理解作为基础去守圣餐，成为新教与天主教立场的凝聚因素。"③

三 犹太教—基督教对话

莫尔特曼对犹太神学的影响进行了反思，他说："所以我做出努力，不仅在形成我的神学时参考天主教和东正教的文本，而且也有犹太教文本，因我们有一共同的'一本书和一个希望，'

---

① 莫尔特曼：《自传笔录》，第 219 页。

② 莫尔特曼：《十字架下的反基督教主义》，Pt. II，Papers at WCC Assembly, Nairobi, 1975, *AFER*: *African Ecclesial Review* 28（November – December, 1977），第 2—9 页。这篇文章在基督教合理性的基础上辩论泛基督教主义，特别是圣餐礼，一个类似主题也能发现于天主教神学家威廉·希尔的文章《终末临在的圣餐》（William Hill, "The Eucharist as Eschatological Presence", *Communio*, No. 4, Winter 1977，第 305—320 页。

③ 《教会的希望：莫尔特曼与实用神学对话》，编辑和翻译：Theodore Runyou（Nashville：Abingdon, 1979），第 42—43 页；也参考《圣灵能力中的教会》，第 259 页。

恰如马丁・布伯（Martin Buber）所提出的。"①

当他写作《被钉十架的上帝》时，他提及十字架受苦上帝神学的发展，使他更接近上帝对以色列恩情历史的犹太神学。他在奥斯威辛的阴影下观看各各他，并在那里寻求犹太神学的咨询。这个犹太教—基督教对话主要是莫尔特曼和拉巴德（Lapide）之间的交流，并且记述于《犹太一神主义和基督教三位一体教义》一书内。② 它召开于 1978 年 5 月 22 日，地点是西德的 Niefern bei Pforzheim 村。从法兰克福来的平卡斯・拉巴德与从图宾根来的约根・莫尔特曼由黑门・格鲁德（Heinemann - Gruder）所邀请，前来讨论犹太一神主义和基督教三一上帝教义。

莫尔特曼恩情神学的论题为拉巴德所肯定，他声称："因为奥斯威辛的缘故，我几乎是迫不得已接受了这'神的恩情'，倘若我还希望将四十年代的上帝溶入我的世界观和我对上帝的理解中……我所有的生活经验，包括奥斯威辛，即使我不在那里，迫使我进入一个神学的再思中。我属于奥斯威辛一代，必须处理我们时代中集体的各各他。"③

莫尔特曼引用犹太神学家亚伯拉罕・赫斯车（Abraham Heschel），作为他"神性的悲情神学"（Theology of divine pathos）的发展。④ 他并没有从尼西亚或君士坦丁堡的三一论开始，而是从各各他作为十架事件来理解。他说："对上帝三位一体的理解

---

① 莫尔特曼：《自传笔录》，第 219 页。

② 约根・莫尔特曼/平卡斯・拉巴德：《犹太一神主义和基督教三位一体教义》（Jurgen Moltmann and Pinchas Lapide, *Jewish Monotheism and Christian Trinitarian Doctrine*, trans. Leonard Swidler, Philadelphia: Fortress Press, 1980）。

③ 同上书，第 61 页。

④ 亚伯拉罕・赫斯车：《先知们》（Abraham Heschel, *The Prophets*, New York: Harper & Row, 1962），第 127—165 页。

是基督在各各他被钉十字架。"① 以这种理解，莫尔特曼和拉巴德俩人可以签署一份共同宣言："对真理永不终止的求索——意味着没有宗教在自身是一个终结或一个岛屿，它只是一个迈向上帝的朝圣道路——这是建筑合乎圣经的桥梁所奉献的石块。"②

第三节　部分对整体的贡献

　　莫尔特曼理解他的神学方法为"处境的神学"，即一个限制和关联于处境的神学。然而，人的处境和圣经的文本是相关的，一个只关注他处境（context）的人将看不见他的文本（text）。③ 莫尔特曼进一步扩展这种研究神学的方法，从单一视角到一个更系统化的途径。他想要理解他的整体神学原属于一个更大的神学群体的一部分，而他的部分亦是对整个群体的一个贡献，这就是他的系统神学。

一　《三位一体和上帝之国——论上帝的教义》(1980)
　　莫尔特曼开始进入与更广泛基督教群体的批判性讨论中，尤其是与卡尔·巴特和卡尔·拉纳的三一论模式。他采纳神性位格的一体性，并他们的解释及相互的渗透作为方法论的出发点。他称这个上帝"相关"的希腊文 *perichoresis* 或德文 *Gemeinschaft* 的概念，为"社群三位一体"（Social Trinity）的教义。这个"社群三位一体"被称为与上帝的终末统治有关。所以，他命名这本

---

　　① 《犹太一神主义和基督教三位一体教义》，第 47 页。
　　② 同上书，第 93 页。
　　③ 莫尔特曼：《自传笔录》，第 220 页。莫尔特曼没有在这期间改变他的神学方法，实际上，历时性的研究表明，他只是从一个单一方面转移到更广泛的处境来观察神学，而在思想上保持相同的焦点。

书为《三位一体和上帝国度》。①上帝三位一体的本质和上帝的统
治之间的关系，*trinitas et monarchia*，与上帝的创造紧密联系在一
起。②莫尔特曼社群三位一体的教义将在下章——莫尔特曼希望
神学方法论展示时进一步研究。

二　《创造中的上帝——生态的创造论》（1985）

　　试图与他的方法论前提一致，即基督教神学应与时代有适切
关联，并有内在的意义，莫尔特曼开始在生态危机的亮光下撰写
创造的教义。③"这里我的主题是创造的相应生态学教义。"④与上
帝相关的三位一体概念一致，是创造生态学的教义，它与"临
在的三位一体教义"相关联。⑤三一上帝不仅只是监督他的创造，
而且以他永恒的灵进入创造内。他渗透万物，并通过内住在其
中，带来一个和谐的创造。这就是上帝和创造相互调和，或万物
的相互连接，或德文所谓的 *Gemeinschaft*。这个相互联连的概念
逐步被扩展为男人和女人、父母和儿童、精神和肉身、人类和自
然的互联社会。这样，自然不再被认为是一个机械时钟，而是所
有事物和谐的相互关系。对于莫尔特曼而言，这个三位一体和创

---

　　①　莫尔特曼：*Trinitat und Reich Gottes*，Munich：Chr. Kaiser Verlag，1980。

　　②　同上书，第 161、190 页。

　　③　大卫·特雷西（David Tracy）宣告了相同的论点："一个真正的生态基督教
神学必须源于自然的根源历史，不然就没有任何人为的公义及对自然无情剥削的愤
慨和我们作为创造管家的神学阐释可以在神学反思的核心中修补其破裂"。（《类比的
想像》（*The Analogical Imagination*，New York：Crossroad，1981），第 214—215 页）也
可参见约翰·科布《是否太晚？生态神学》（John Cobb，*Is it Too Late? A Theology of
Ecology*，Milwaukee：Bruce，1971）。莫尔特曼是另一位试图从事现代世界相关问题的
生态神学家。

　　④　莫尔特曼：《创造中的上帝：一个创造的新神学和上帝的精神》，翻译：Ma-
garet Kohl，New York：Harper & Row，1985，第 1 页。

　　⑤　莫尔特曼：《三位一体和上帝国度》，第 190 页。

造的生态学教义的最终结果是安息日教义，它被置于生态学的理解上。他论及生态神学和终末论的关系时，如此写道："'新创造'的日子预示了原始创造的生态'安息日子'，新创造是去完成首先的创造，而不是摧毁它。生态安息日应是没有环境污染的日子——当我们把汽车留在家里的一日，使自然也能庆祝它的安息日。"①

　　莫尔特曼期望在这个系列中撰写有关基督论、终末论和基督教神学的基础和方法，总题将是"弥赛亚神学"。② 按照莫尔特曼的说法，弥赛亚神学将是以圣经为基础、以终末为导向和以政治为任务。③莫尔特曼并不是想去建立一个神学学派，吉尔克（Gilkey）评论道："他（莫尔特曼）不想描写一个程序，却指出一个方向。我们生活在一个转折的时代中（metanoia），充满着新方向，并且带来生活的新契机。黝黑的记忆依旧萦绕心头：斯大林格勒、奥斯威辛、布尔格（Bulge）战役、广岛、釜山和小山（Khe Sanh）。但仍有一线新希望，当出现了新任务，也是神学的新任务时，我们能够开始看见我们的主要方向，所以我们也能够说：'我将上升，并且到我的父亲那里。'通向等待中的上帝。"④

————————

① 莫尔特曼：《创造中的上帝》，第296页。
② 同上书，p. xv。
③ 莫尔特曼：《自传笔录》，第222页。
④ 莫尔特曼：《通向等待的上帝》，《希望的未来：神学作为终末论》（"Towards the Waiting God", *The Future of Hope: Theology as Eschatology*, ed. Frederick Herzog, New York: Herder & Herder, 1970），第71页。

第五章　莫尔特曼希望神学的"共时性"分析

　　莫尔特曼神学方法的"历时性"（diachronical）分析主要关注进程和其方法的发展，它是一种纵向性的方法，由他内在生命的发展来追索。另一方面，"共时性"（synchronical）分析是一种横截面方法，切开剖析他神学文集的一个截面，以展现出他的神学主题。它是一种描述性和归纳性的方法，探讨莫尔特曼希望神学的内在分类、主题、范畴和论题。

　　横截面揭开莫尔特曼神学的内在结构和基本原则。莫尔特曼神学的四个主要范畴被辨识而加以讨论。第一是辩证和解（辩证神学）的基本原则，此基本原则对理解他的其他范畴是必要的，它关注莫尔特曼神学的启示来源。第二是作为"上帝未来"的终末论（终末论神学），它是研究莫尔特曼把未来作为历史的概念和未来作为上帝存在的模式。第三是被钉十架的上帝（苦难神学），它处理终末基督论、基督终末论和存有终末论的问题。最后，第四个范畴是革命的转化（政治神学），它展示莫尔特曼的政治释经学、出埃及教会和终末伦理学。

第一节　辩证和解—辩证神学

一　方法论原则

莫尔特曼希望神学的基本方法论原则是"辩证和解"（dia-

lectic of reconciliation），它是希望神学的推动力和莫尔特曼神学
资料选择的标准。他的整体神学被"辩证和解"这个方法论原
则所统一。辩证和解是一个针对展现在基督教神学中相关适切性
和身份性的神学方法，在他神学的形成阶段，莫尔特曼觉察到当
代神学中适切与身份之间存在着极深的鸿沟。一方面，神学被教
外认为不适切现实，因教会对上帝和复活的宣告不能相关于人类
存在的真实历史问题。另一方面，当神学试着通过抛弃复活的叙
述历史和终末应验来与现代意识相关时，它被内部意义的丧失所
威胁。莫尔特曼的任务是依据辩证和解的方法来解决外部非相关
性和内部身份间的悖论。他说："神学和教会越寻求与当今的问
题相关，它们就越陷入自己基督教身份的危机。它们越寻求在传
统教条中保持自己的身份、仪式和道德观念，就越变得非相关和
不可信。"①

　　莫尔特曼方法的关键是它在现代和当代神学相关性和身份的
危机中，试图保持一个创造性的张力。对于莫尔特曼，相关性因
素是希望神学的否定向度，受苦的基督与被压迫者认同，向非人
化宣战。这一否定向度为社会进步的希望和未来辩证的肯定向度
所平衡。希望神学的相关性在于受苦基督复活的身份，这样莫尔
特曼断言基督教可以显示它自己为可信和相关的：

　　"只有当发现它的内在真理，然后导向它的生活；实用的和
理论两者让教会可以成为基督教会，真理成为基督真理，神学成
为基督的神学。"②莫尔特曼指出，神学的适切性在于它与被钉十
架的那一位认同，借此建立它的内在身份。

　　莫尔特曼辩证和解的概念从巴特和布洛赫的影响下形成的，

―――――――――

　　①　莫尔特曼：《被钉十架的上帝》，第7页。
　　②　莫尔特曼《被钉十架的上帝：十架的三一神学》，*Interpretation*，26，July
1972，第279—280页。

而它最终来自黑格尔精神（或灵）的辩证统一。黑格尔对实在的定义由精神（灵）的辩证实现出来，借此上帝和人类得到和解。他写道："这是和解的道路和过程，由此精神（灵）与自身融合，并且将他所倒空和世界自我割裂的部分调和。这样，精神（灵）就是圣灵，圣灵临在于教会。"①在这个精神的属灵群体里，上帝同世界得以调和，并且神与人的分离被克服。黑格尔写道："正是属灵群体的意识，完成了从纯洁和简单的人到神—人的境界，到一份感知、一份意识、一个神性和人性联合的确认，因而教会或属灵群体就成立了。"②

　　另一个影响莫尔特曼形成辩证和解的重要思想家是恩斯特·布洛赫。作为一名马克思主义无神论者，布洛赫提倡他的理性唯物形而上学，而不是黑格尔的理性唯心主义形而上学：布洛赫的理性唯物形而上学是带有宿命成分的"机械马克思主义"。他的宗旨是要使希望、乌托邦和未来成为哲学主要的关注，这样哲学就显然是实践革命转化的理论。当布洛赫提倡人的"转化相异性"（transforming otherness）时，他转化了巴特上帝的"全然相异性（wholly otherness）"。③巴特的辩证法是神与人、天堂与地球、永恒与时间之间的"无限定性差别"（克尔恺郭尔语）。上帝不被辨识为世界上的任何事物，上帝的隐藏意味着他的不可理解性，上帝只被上帝所知道。④巴特辩证神学的要素为莫尔特曼

---

　　①　黑格尔：《宗教哲学讲演录》（*Lectures on Philosophy of Religion*, trans. E. B. Speirs and J. B. Sanderson, London：Kegan Paul, 1895），3：1, 6。黑格尔的哲学指向纯灵自我倒空，并割裂成为世界的灵，引导历史的演变；再经由人类自己意识的反思，而回归纯灵。此纯灵得到自我意识和实现。

　　②　同上书，第99页。

　　③　卡尔·巴特：《教会教义学》（*Church Dogmatics*, ed. G. W. Bromiley and T. F. Torrance, trans. G. W. Bromiley, Edinburgh：T & T Clark, 1962），I/1，第388页。

　　④　同上书，II，第183页。

提供了原始的神学材料，然后他综合调和布洛赫的哲学概念，成为一个崭新的神学方法，这在性质上与巴特和布洛赫截然不同。

　　莫尔特曼想将巴特的辩证神学成为真正的辩证法。巴特指出，同时思考永恒存在的上帝和有限存在的人，意味着在一个绝对矛盾中结合了临在和超越。他认为，只有在这个绝对矛盾中，才能谈论神与人的相关性。然而，莫尔特曼认为巴特辩证的此与彼、时间与永恒、神与人中形成一个没有通向真正调和的矛盾。莫尔特曼首先尝试在这个辩证和解里集中于启示中，他接受巴特所讲启示的内容决定启示的形式和模式的方法论原理，但是他力斥巴特的辩证神学不是真正的辩证，而只是悖论神学（paradoxical theology）。①

　　所以莫尔特曼开始他的"辩证化"巴特辩证神学的程序。他在《被钉十架的上帝》中指出他的辩证认识论："上帝在其相反、无神及'神弃'中启示他为'上帝'。具体来讲，在基督的十架上就是在被上帝抛弃中显示出上帝……十架神学的认识论原理只能是这个辩证原理：上帝的神性显示在十架的悖论上。"②

　　他以转移巴特"道"（logos）的结构为一个"应许"的结构来完成此"辩证化"的程序；或更好地表示为："道"的启示结构就是应许，即启示以应许出现。③莫尔特曼方法论原理及辩证和解的

――――――

　　① 莫尔特曼提道："克尔恺郭尔（Kierkegaard）导向的悖论概念的回归，到更全面的黑格尔和马克思的辩证，索勒（K. Solle）睿智地称为'悖论身份'（Paradoxe Identitat）。悖论保存了在'世界历史'里的举世包涵能力，辩证在另一方面，保存了它的举世光照的能力。不满足于一个悖论的人在他的生命地平线上寻找能够计划和期待的可能性，因为对他来说，上帝不是荒谬的'相异'（paradoxical other），而是辩证地'改变所有事'的那位。"（*Hope and Planning*，New York：Harper & Row，1971），p. 30，note 44）莫尔特曼说这是《希望神学》的目的。
　　② 莫尔特曼：《被钉十架的上帝》，第27页。
　　③ 莫尔特曼（编）：*Anfange der dialektischen Theologie*，Munchen：Chr. Kaiser，1962，Preface，xxi。

实际执行，现在进一步以相关于作为应许的启示教义来研究。

二　启示就是应许

莫尔特曼的神学起源于人如何能认识上帝，并面对在启蒙哲学对人知识模式所施加的限制下如何能谈及上帝的问题。这个人类自治和自由的启蒙意识来自对传统权威和制度的批判。当这个科学批判法运用于基督教自身的历史来源和文本时，它就成了当代基督教神学的一个进退两难的情况。现代方法的认证性、掌控性、再造性和历史现实的客观性成为知识的假设。这样，神学的相关性就出现危机了，并且当经典形而上学的传统显得不足信时，基督教的普世性也就丧失了。在康德和施莱尔马赫的影响下，神学在本质上已经成为宗教信仰和经验的现象学或本体论，或说它只将基督教的宣言缩减为对验证的寻求而已。

但是，当存在主义对上帝的相关性途径失去了其护教力量时，这就意味着基督教内在的身份问题亦出现危机了。莫尔特曼试图回答这个问题，不仅是对人的内在生活，也是对包括人全部存在的整全视野范围。他复兴了伊万（Iwand）的标志，即在上帝的应许和被钉十架基督的复活中，这样一个视野范围是可能的。这个对"上帝—问题"的理解提供了莫尔特曼寻求一个新概念的启示框架。他在《希望神学》里阐明了他启示的观点，并且总结在以下三个命题的规范内：第一，圣经的上帝不是在一个永恒临在的主显节显示，而是在应许中显示。第二，关于上帝彰显的词汇，不是以描述句（Lehrsatze）来理解，而是以希望句（Hoffnumgssatze）来理解。第三，在显示中，不是上帝的超越自我被显示，而是上帝的历史信实（Selbigkeit）被显示。[1]

---

[1]　克里斯托弗·莫尔斯：《莫尔特曼神学的应许逻辑》（Christopher Morse, *The Logic of Promise in Moltmann's Theology*, Philadelphia: Fortress Press, 1979），第 27 页。

　　第一个命题指出显示是在应许的形式下展现，莫尔特曼对应许的理解须从基督教传统的应许历史中来观察，詹姆斯·普鲁斯（James Preus）在传统的释经范畴中研究应许的历史，并指引到路德的"应许神学"。①应许的传统始于奥古斯丁对应许的引用，然后到中世纪的"类比秘义解释"（Anagogy）原理，最后到路德的"见证"（testimonia）理解。在奥古斯丁的著作里，"应许"这个字带有保证或担保的含义。这一对应许的理解指引他把旧约作为应许，而新约即为实体的影儿。此应许就是基督，这一理解被称为预表诠释法（typology）。

　　奥古斯丁的预表诠释学存在着旧约与新约间双重的张力；此张力持续到中世纪，并且重新出现于类比神秘解释原则的双重风格里。这个类比"秘义"解释的原则也名为释经原理的"第四感知"，其他三个原则是"字义"（literal）、"寓义"（allegorical）和"德义"（tropological，即道德意义）感知，它必须与应许和希望联系在一起。中世纪的格言说：Litera gesta docet, quid credas allegoria, moralis quid agas, quo tendas anagogia（字义感知让你知道发生了什么，寓义感知是你必须相信什么；德义感知是你必须做什么，秘义感知是你能够希望什么）。②这一陈述可以是神秘的或是终末的。当解释为神秘时，应许通常以关于上帝之爱的德行来讨论；当解释为终末时，应许通常以希望的德行来讨论。

　　普鲁斯指出路德如何在开始时依赖于秘义感知的解释，而不

---

　　①　詹姆斯·普鲁斯：《从阴影到应许：从奥古斯丁到青年路德的旧约解释》（James Preus, *From Shadow to Promise: Old Testament Interpretation from Augustine to the Young Luther*, Cambridge: Harvard University Press, 1969），第 22—23 页。

　　②　这一翻译在威廉·鲍克介绍《路德关于罗马书的讲义》（*Luther's Lectures on Romans*）时提供，录于《基督教经典书库》（*Library of Christian Classics*）第 15 卷（Philadelphia: Westminster Press, 1961），p. xxviii.

是终末倾向的解释。后来，从研究诗篇发现了"见证"（testimonia）的概念。这引向了对"寓义"解释的最终放弃，而投向见证的终末解释，因它们见证未来的德性。它们不是现在事物的展示，而是未来事物的见证，并基于那个理由，它们让信仰成为未来事物的实质，而不只是事物的表象。①这样，路德所指为应许的"见证"就成为圣经的标准意义。这是路德的应许神学，上帝应许的话相关于上帝的实在。普鲁斯引用卡什曼的话："神在应许定位了实在。"② 莫尔特曼捡起这个卡什曼的主题，代表着在应许传统中的当代终末思考。

没有一个主题对莫尔特曼的神学方法较此更基本，它宣称圣经的上帝不是存在于一个永恒临在的主显节（Epiphany），而是在应许的形式里存在。他没有否认上帝在启示中的存在，只是否认永恒的临在。他说："这个上帝的普遍和直接的临在不是信仰的来源，而是寻索路上的终点。"③对于莫尔特曼，启示作为应许引申自应许的自身，这就是一个临在的形态；他把这个永恒临在的主显概念，归之于希腊的巴门尼德（Parmenides）思想。巴门尼德把存在的统一看作超乎时间以外，并且历史是永恒的"现在、管窥全貌、完全整体"的。④所有那些暂时的和历史的，所有那些过去和未来的，所有那些已是的和希望的，都不能也没有参与在这终极性里。这样一个存在只表明一个不关注万千世界的事物，只是一个永恒建立的存在。这一巴门尼德的概念被柏拉图进一步发展，并渗入基督教神学。莫尔特曼断言："那些抵抗

① 普鲁斯：《从影像到应许》（*From Shadow to Promise*），第 183 页。
② 同上书，第 11 页。
③ 莫尔特曼：《希望神学》，第 282 页；也参考 Langdon Gilkey《上帝的普遍和直接存在》，《希望的未来：作为末世学的神学》（*The Future of Hope: Theology as Eschatology*, ed. Frederick Herzog, New York: Herder & Herder, 1970），第 81—109 页。
④ 莫尔特曼：《希望神学》，第 28 页。

看来欺骗基督教希望的巴门尼德的上帝概念已深深侵入基督教神学。"①

　　莫尔特曼宣布与其沿着巴门尼德主显永恒的临在（Parmenidean epiphany of eternal presence）的线索来建构基督教神学，不如把启示理解为一个"应许未来的启示"。他写道："在最后分析中，当人理解上帝的启示为'永恒存在的主显'，借此来引证圣经著作时，总离不开希腊思想和提问的影响。此希腊观念比出埃及的和复活的上帝更接近巴门尼德上帝的描述。复活基督的启示不是这个永恒存在之主显的一种形式，而是展示出应许未来真理的启示，此理解成为必须性。"② 根据莫尔特曼，出埃及的上帝与复活的上帝不在永恒临在的主显中被认识，而是在应许未来的启示里。对此他指出："应许宣告了一个尚未到来的现实。但在宣告这个未来时，未来成为'临在的话语'（Word－present）……我认为这里我们能够分别，在路上神的临在和在应许路上目标所指神的临在。"③

　　对于莫尔特曼而言，作为应许的启示能引导人通向家乡故土，并且一个寻道者可以定位于那个新实在的路上。为这个原因，他称他的神学方法为一个"道途神学"。神学应该是一个旅途，一个朝圣者的宣教理论，他们与其他人一起宣称真理仍然在实验和测试中。他说："所以基督教神学，就是以它自己的语言，根据古老词汇'道途神学'（theologia viae），而不是'家乡神学'（theologia patriae）。它仍是历史运动中的一个理论，而仍不是'神的理论'（theoria Dei），只是上帝的异象。"④这个"道

　　①　莫尔特曼：《希望神学》，第29页。
　　②　同上书，第84页。
　　③　莫尔特曼：《宗教、革命和未来》，第210—211页。
　　④　同上书，第207页。

途神学"的词汇是理解莫尔特曼区别启示为"希望—语句"（Hoffnungssatze）而不是"描述—语句"（Lehrsatze）的关键，它形成了理解莫尔特曼启示理论关键的应许逻辑。

三 启示就是应许的逻辑

第二个关注启示语言的命题是应许的逻辑。应许作为一个神学题目来处理，是终末论神学家在挑战巴特"道的神学"（theology of the Word）时所发出的呼吁。潘能伯格拒绝"道的神学"为启示的权威神学，他说："依附于神学的语言和理念的积极意义，只能将通过对'道'的传统理解为权威特点，作出决定性的拒绝来确定。"[①]莫尔特曼同样提倡以"道"（logos）作为应许的描述，并力争这一重新定向的思想必然伴随着一个新神学逻辑的必要，尽管他仍停留在"道的神学"传统里。

这个崭新的神学逻辑是将"道"（logos）为"名字"转移到以"道"为"应许"的重点概念。在巴特教条里，名字最全面地表示"道成肉身"的启示形式。[②]上帝已经为人在基督里命名他自己。在这个命名的事件里，对于巴特而言，人话语的宣告被上帝授命为符合他的永恒存在。用这种方式，上帝的知识被转交及传递到人那里。巴特说："如果我们关于上帝的知识是正确的，那么我们的话语就同上帝的存在协调一致。"[③]在上帝的名字和上帝的存在之间，有一个必然的连接。莫尔特曼同意"话语和现实、话语和存在、话语和名字是一致的，并且真理经历于相

---

① 詹姆斯·鲁宾逊与约翰·科布：《历史的神学》（James Robinson and John Cobb, *Theology as History*），第 227 页。

② 巴特：《教会教义学》（*Church Dogmatics: The Doctrine of the Word of God*）卷 1，翻译：G. T. Thomson（Edinburgh: T & T Clark, 1936），第 364 页。

③ 《教会教义学》卷 2，第 233 页。

符、整合与协调里"。① 然而，他所关注的是基督的命运和他的位格，启示不仅显示上帝的神格为"上帝的临在"（*Deus prae-sens*），而且在耶稣基督显现时展示上帝的未来为"上帝的来临"（*Deus adventus*）。莫尔特曼争辩说，在基督来临中才能辨明上帝的荣耀；在某种程度上，这是巴特永恒上帝的教义所不允许的。相对于巴特，莫尔特曼争辩道，在圣经的启示理解中，必须承认上帝之道不仅是"现在"，还是"尚未"。这样，启示被视作应许，而不是名字；莫尔特曼倡导"上帝的名字是一个应许的名字"。②这种理解要求一个新的神学逻辑，即应许的逻辑而不是名字的逻辑。

　　根据莫尔特曼，命名的逻辑是希腊"道"（logos）的途径或描述性语句（Lehrsatze），Lehrsatze 的字面解释是教条语句或教义语句。莫尔特曼定义 Lehre 为描述事件的真实状态，并且以现在经验来验证。他说："Lehrsatze 在它们可控制的相符感通到有用的及经验的实在里，发现了它们的真理。"③里尔奇（Leitch）翻译这句语句为："教义性的真理发现于它们能被显示符合我们所经历的现存实在的事实里。"④莫尔特曼进一步地解释希望语句的意义："相对来说，应许的希望声明（Hoffnungssatze），必须处在相反于现在可被经历的现实。它们不是出自经验，而是新经验可能性的条件。它们不寻求阐明现存的现实，而是未来的现实。它们不寻求拍摄一张现存实在的精神照片，而是引导现存实在进入应许的和希望的转化。它们不寻求承载现实的列车，却举起前面的火炬，如此行它们给予现实一个历史（geschichtlich）

　　① 莫尔特曼：《希望和计划》，翻译：Margaret Clarkson（New York：Harper & Row, 1971），第 15 页。
　　② 莫尔特曼：《希望神学》，第 115 页。
　　③ 同上书，第 18 页。
　　④ 同上。

特征。"①

"应许的希望语句不出自经验，而是新经验可能性的条件"，此句至为关键。对于莫尔特曼，它们的功能不是阐明事物过去和现在的意义，而是指引它们要到哪里去。它们展示了描述语句没有的一种因果性质。这两种语句种类的区别对莫尔特曼的启示理论至为重要。基于此，莫尔特曼总结过去所有现代的启示概念，在原则上都被希腊形式主义的存在和理念所支配。它们因此不能表达出于十架和复活事件中圣经所理解的启示；因此，莫尔特曼拒绝了"道"（logos）和"本质"（ousia）有一个原型和永恒身份的假设。更确切地说，被上帝的启示所统管的系统神学必须被应许的本质和运动所支配。故此，上帝显示他自己应许的"道"就不是决定于存在时刻已经发生的或正在发生的应验，而是将要发生的应验。

在"上帝的启示和真理的问题"里，莫尔特曼反对宇宙论、人类学和本体论的确证方案。②确证的宇宙论方案认为只有当宇宙统一于上帝最终的基础时，上帝—对话（God‐talk）才有意义。确证的人类学方案转移上帝—对话的焦点，从宇宙转到良心，从世界的存在到人类存在的真实性；确证的本体论方案坚持上帝—对话本质上有意义和一致。莫尔特曼提出第四种确证方案，即终末论方案。他说："如果启示事件被发现于被钉那位的复活里，那么真理也必须被终末地和辩证地认识。"③ 宇宙论、人类学和本体论的思维模式必须转变为终末论的。应许的希望语句在它们于未来的应验内证明是对的，这样它们只服从于确证的终末论方案。一个应许需要一个未来去证明它自己，在此它区别于命名或描述

---

① 莫尔特曼：《希望神学》，第 18 页。
② 莫尔特曼：《希望和计划》，第 3—30 页。
③ 莫尔特曼：《希望神学》，第 118 页。

的理解。所以，需要一种承认启示之应许形式的基督教语言。

应许的逻辑在应许的希望语句中被宣布于圣经里。当 Lehr-satze 表达过去的"情景"（Aussehen）时，Hoffnungssatze 表达在过去被上帝应许显示的"前景"（Aussichten）。[①]因为它们只向着那尚未发生的，它们需要一个证明真理的未来。这些希望语句在本质上是未来的一部分，并且它们引发未来以一种"道—临在"的形式撞击现在。事件的新状态开始了，虽然不完全，但已进入一个承诺。然而，通过期待和开始事件的一个新状态，希望语句就与现在的事物产生了一个冲突。

希望语句的真理不能被认为介于语言和现存实在的相等里，而是在一个矛盾里。它们所证明的不是它们的一致，而是它们与存在的不一致，不是一个 adaquatio rei et intellectus，而是一个 inadaequatio intellectus et rei。[②] 它们产生的矛盾和不一致对宣教经验和历史是先决条件。总而言之，莫尔特曼主张应许的希望语句期待着，并开始展望着未来；如此，它们与现在产生矛盾，这种矛盾使历史的经验成为可能。

四　启示就是应许的经验历史

第三个命题起于第二个，即应许的逻辑创造历史的经验，因此启示了上帝。莫尔特曼的方法论原则声称总有一个反面的辩证和解。对于莫尔特曼而言，只有当这些"从思维哲学而来的抽象观念"被一个"既全面且开放的第三观念"所超越时，介于启示为"道"和"历史"之间长期的冲突，才能得以辩证和解。[③]他发展出一套"道—历史"的启示概念，或称为应许的历

---

① 莫尔特曼：《希望神学》，第118页。
② 同上。
③ 同上书，第89页。

史。莫尔特曼与潘能伯格一样，试图处理历史批判学的挑战，并突破非历史终末论的范畴。现代的启示理论试着要建立在不受历史批判学所威胁的领域上。它们以非批判的态度接受了历史实证原则，并用来衡量它们所谓的"科学"特征。他们将历史和自然完全交给客观化的科学方法，于是神学就变成主观性的非历史范畴。这些范畴，可以假设为神学的特殊领域，因为它们免于历史方法的审查。莫尔特曼和潘能伯格两人都发出相关声言，反对布尔特曼存在主义非历史范畴的解释。他们断言，在复活历史事件中的上帝之启示是基督教信仰不可替代的基础，根据他们，基督复活是基督教的中心信息。

现实被莫尔特曼和潘能伯格理解为历史。莫尔特曼说："如果作为历史的现实经验一旦升起，并且历史的突破一旦发生，那么就不可能再回到非历史的永久和长存的宇宙信仰中。"①这个对现实的历史理解是启示为应许之理解的必然结果。应许对立于当前现实，这个"介于未来和现实、希望和经验、出埃及和到达之间的区别"，导致了对现实的历史理解。②莫尔特曼直截了当地说："在上帝应许的星光下，作为'历史'来经验现实成为可能。"③

"在未来和现实、希望和经验、出埃及和到达之间有一个区别，并正是在这一区别里我们经验历史"④，展现了他的辩证和解的方法论原则。"经验"此词被莫尔特曼同时用于一个否定和肯定的情况：否定的意识表示出那些现在看不到的信心，并且信心表明为上帝应许里希望的信心，不能只停留于经验中。莫尔特曼运用这个经验词汇的否定意识与西方传统的巴门尼德和康德相

---

① 莫尔特曼：《希望神学》，第263页。
② 莫尔特曼：《宗教、革命和未来》，第28页。
③ 莫尔特曼：《希望神学》，第106页。
④ 莫尔特曼，《希望的未来》，第12页。

符合。经验的希腊字是 empeiria，使用上与 logos 有区别。Logos 这个字是指人意识到永恒的存在，而 empeiria 是限于变化和短暂的事物。①道（logos）对知识是必需的，而经验（empeiria）必须践于行。理念是所有理论和科学的基础，它与经验不同。在时间和永恒之间、在变化和恒常之间有一定区别，正是在经验和知识之间的区分被康德作了进一步的探索。

如第一章所提到的，康德认识论的出发点是经验。他采纳了希腊存在的理解，并把它运用于经验。正是希腊本体论的架构，而不是希腊经验理论为康德所征用。康德的先验自我（transcendental ego）是希腊形而上学里的绝对理性；而经验就成为现代的经验科学。此理解将现象削减到客观化的强迫性运作上。莫尔特曼在希腊和康德思想模式的负面意义上运用经验这个词汇；然而，无论希腊还是康德的理解都证明对莫尔特曼并不充分。他理解到圣经所指神圣来临和未来闯入现今的实在中，不能构成影响人类知识的因素。莫尔特曼写道："如果终末是超意识的，并且超越所有知识可能性之上，那么终末前景也就依次完全与经验世界的知识无关。"② 以这种理解，莫尔特曼主张有一个差别存在于希望与经验之间。这样，就没有启示与经验现实之间的联通。

这样启示与经验现实之间的一个康德性鸿沟（Kantian Gulf），根据莫尔特曼的神学方法需要呼应出一个神学改革。莫尔特曼在经验词汇的正面意义上，提倡启示应为应许的经验历史，在启示范围内，应许的经验历史提供了知识。这个经验历史对莫尔特曼来说，是对希伯来现实的洞识。他写道："上帝的应

---

① 莫尔特曼沿用了乔治·皮科特（Georg Picht）在 *Die Erfahrung der Geschichte* 中的见解，皮科特在经验概念之间的区分影响了莫尔特曼。参考莫尔斯《莫尔特曼神学里的应许逻辑》，第86—87页。

② 莫尔特曼：《希望神学》，第47页。

许启动了以色列的历史，并在所有历史经验中起先导作用。"①
这个历史的圣经理解后来被扩充来包含宣教与社会危机的意识。
他说，历史意识（Geschichtsbewusstsein）就是宣教意识（Send-
ungsbewusstsein）。②对于莫尔特曼而言，人类的伟大任务是一个
社会危机的意识，一个"长久中的危机"或一个"长久的革
命"。③他进一步解释："通过'历史'，我们在此理解到现实冲
突中的经验，它不只是经验万物皆是短暂的，它也不只是经验万
物在时间长河的'不再的过去'与'尚未的未来'之间所发现
的自我。进之，它也不仅是人必须'以前与再次'做出决定的
经验。更确切地说，'历史'是人连同他的社会和他的世界是一
个实验的印象，并且不仅他自己，而且他的世界代表了一个危
险。"④这个社会危机要求在世界里付诸行动。历史是"判定真理
（Rechtsprozess）过程所执行的竞技场（Spielraum）"。⑤上帝的知
识就这样被刻画为一个实际及社会参与的知识，它被称为历史知
解，这是莫尔特曼神学方法的终末理解，即是终末论的神学。⑥

---

① 莫尔特曼：《希望神学》，第 98 页。
② 同上书，第 195 页。
③ 同上书，第 232 页。
④ 莫尔特曼：《宗教，革命与未来》，第 195 页。
⑤ 莫尔特曼：《希望与计划》，第 84 页。
⑥ 有关终末论与启示论的类型研究，参考 John Collins《作为类型的启示》(A-
pocalyptic as Genre, Missoula: Semeia, 1978)；Ernst Kasemann《基督神学的开始》与
《原初基督启示论主题》,《今日新约问题》，第 4、5 章（"The Beginnings of Christian
Theology" and "On the Subject of Primitive Christian Apocalyptic", New Testament Ques-
tions of Today)；Klaus Koch,《启示论的重新发现》（The Rediscovery of Apocalyptic,,
London: SCM, 1972)；Robert Funk 编《启示论》(Apocalypticism, New York: Herder &
Herder, 1969)；D. S. Russell《犹太启示论方法与信息》（The Method and Message of
Jewish Apocalyptic, London: SCM, 1964)。有关启示论的历史研究，阅读 Bernard
McGinn《结局显示：中世纪的启示传统》（Visions of the End: Apocalyptic Traditions in
the Middle Ages, New York: Columbia University Press, 1979)。

第二节　终末论的神学—终末神学

在 20 世纪之初，约翰尼斯·维斯（Johannes Weiss）、阿尔伯特·斯科韦泽（或译作史怀哲，Albert Schweitzer）和弗兰茨·欧弗贝克（Franz Overbeck）重新发现了在现代神学里，耶稣上帝国度信息的终末与启示本质的相关性。[①]如前所示，卡什曼（Kasemann）在他有争议的论文中辩解说，"启示论是所有基督神学之母"。[②]巴特"道"的神学，虽然运用终末论的词汇，但并没有在未来历史的意义上理解它，因为它的先验和存在主义的假设，[③]世界被机械地以主观性与客观性分离来理解。沿袭黑格尔的辩证和解，莫尔特曼争辩主观性与客观性的坚硬对比法需要被调停与和解。[④]他试图在"一贯终末论"与"实现终末论"之间进行调停，并与科尔曼（Cullmann）一起，在卡尔西顿（Chalcedon）的精神中寻求第三条出路。[⑤]这个调停姿态与莫尔特曼方法论原则的辩证和解相一致。莫尔特曼试图以另一方法论原则——终末论的神学（终末神学），来治愈这种相异和混乱状态。

一　未来就是历史

特殊历史与普遍历史之间的张力一直是基督神学中的一个特

---

① 主要参考为 Johannes Weiss, *Die Predigt Jesu vom Reiche Gottes*；Albert Schweitzer, *The Quest of the Historical Jesus：A Critical Study of Its Progress from Reimarus to Wrede*, trans. W. Montgomery；and Franz Overbeck, *Christentum und Kultur.*

② 卡什曼：*Exegetische Versuche und Besinnungen*，2：100.

③ 莫尔特曼：《希望神学》，第 45—50 页。

④ 同上书，第 50 页。

⑤ 莫尔特曼：Prombleme der neueren evangelischen Eschatologie, *Verkundigung und Forschung*, No. 2, 11：103.

有象征。它呈现出 Okonomic（救恩教义）和 Theologik（有关上帝的知识）之间的辩证，或中世纪的 Sacra doctrina（神圣传统）和 prima philosophia（亚里士多德形而上学）之间的辩证，或历史与教义神学之间的现代辩证的形式。莫尔特曼认为："今天我们站在这个辩证统一瓦解的中间。"[①]终末论神学理解到人类和世界都应在上帝来临时的未来中找到。莫尔特曼说："这是在十字架和基督再临之间的思考，并支撑了上帝降临到这个苦难世界的希望。这样，它就超越了宇宙论和人类学之间、客观性和非客观性神学之间的现代争执，在此它提出了根本的问题、神义论问题和身份问题，皆为改变世界和人类现在情况的上帝未来的问题。"[②]这些神义论和身份问题将在下一章处理莫尔特曼神学方法论展示中进一步讨论。

　　莫尔特曼的方案是区分 futurum 和 adventus。Adventus 是绝对崭新的来临，它以前从没有过，它意味着"上帝独一和最后的来临，和一个相应于他的世界"。[③]"现在"不能决定这样一个"未来"，但是这个"未来"决定现在和过去，Adventus 只能在预期中盼望。Futurum，即来自希腊字 physis，它指原型潜质和一切存在的范围与基础。构想为 futurum 的未来总是被现在和过去所决定，这样未来就可被理解为来源的（that which comes）和将成为的（that which becomes）。这样一种区分可以让莫尔特曼如此说："现在没有未来，如果它不是 adventus 的现在；然而，如果它是一个更大 adventus 的现在，那么它就成为一个 futurum 的

---

　　①　莫尔特曼：《终末论神学》，《希望的未来：终末论神学》，编辑：Frederick Herzog（New York：Herder and Herder, 1970），第 2—3 页。

　　②　同上书，第 8 页。

　　③　莫尔特曼：*Probleme der neueren evangelischen Eschatologie*，*Verkundigung und Forschung*, 15, No. 2（1966），第 307—310 页。

基础。"①

　　运用这种方法论理解神学，莫尔特曼声称基督论是在基督复活中对上帝未来（adventus）的期盼，并且终末论是基督论通往未来（futurum）的延伸。莫尔特曼写道："只要上帝的普遍 adventus 和他的国度是基督事件的真正基础，那么基督事件就可以成为这个 adventus 的认识论基础。"②按这种理解，莫尔特曼发展出他的基督终末论和终末基督论的辩证途径，这点将在讨论莫尔特曼另一方法论原则呈现在《被钉十架的上帝》一书中时继续。

　　终末论神学意味着"基督教信仰是终末论，是希望，前瞻和前进，所以也革命化和转化了现在"。③这样，终末论对莫尔特曼就不仅是末后事件的教义，而是"所有宣告基督的特性、每个基督徒和整个教会存在"的未来观点。④终末论不是结束，而是基督教神学的开始，然而它是在耶稣将临中的上帝未来的终末论。基督论是莫尔特曼能够从乌托邦的理念中区分他的终末论神学的试金石。⑤

　　作为历史未来的语言被紧密联系于人类的希望，莫尔特曼对希望的理解并不停留在希望的一般现象学上，而是建基于被定十架那位的复活上。它预定了信心；信心让一个人归向基督，希望进一步打开了基督未来的普世视野。莫尔特曼断言："在基督徒生活中信心具有优先权，但希望具有主导权。"⑥对于莫尔特曼，

---

　　① 莫尔特曼：*Probleme der neueren evangelischen Eschatologie*，*Verkundigung und Forschung*，15，No. 2（1966），第 307—310 页。

　　② 莫尔特曼：Antwort auf die kritik der Theologie der Hoffnung，*Diskussion uber die "Theologie der Hoffnung" von Juurgen Moltmann*，ed. Wolf – Dieter Marsch（Munchen：Chr. Kaiser Verrlag, 1967），第 213 页。

　　③ 莫尔特曼：《希望神学》，第 16 页。

　　④ 同上。

　　⑤ 同上书，第 17 页。

　　⑥ 同上书，第 20 页。

人不仅因着骄傲（praesumptio）而受苦，并且在沮丧（desperatio）中受更多的苦。无望和失望的罪在神学里只有现在，两者都是莫尔特曼的敌人，前者引向绝望，而后者引向上帝的临近。对莫尔特曼而言，基督徒对上帝的理解只能通过沉思历史为未来和未来为历史来获得。终末神学"试着理解人与世界，两者都在历史中找到未来，而此未来是上帝的未来"。①对基督再临（parousia）的希望倾向于把人类和世界放在一个通往上帝未来的开放历史中来理解。

二　未来就是上帝的形态：上帝的未来

莫尔特曼指出，终末论的中心主题是未来为上帝存在的模式，这是一个终末本体论的问题。莫尔特曼借着他所倡导的辩证和解的方法论原则，试图调和两极：一方面上帝作为超越的、绝对的、"高于我们"的上帝模式概念和上帝作为无所不在的、存在的、"内在于我们的上帝"的上帝模式概念。他发展了"在我们之前"、"在我们前面"、"先于我们"的终末论概念。②他说，"在与超越神学和内在神学的争论中，终末神学的首要任务是更精确定义上帝存有的模式"。③这只是终末神学的第一个任务，进一步，莫尔特曼声称"终末论的最远范围是存在的终末论"。④他称这一方法为终末本体论，并坚持"没有终末本体论，那么终末存在是无法解释的"。⑤

莫尔特曼的哲学推动力来自布洛赫的希望哲学。布洛赫尝试一个哲学范例转移，从追求一个原始存在（primum）的西方哲

---

① 莫尔特曼：《宗教、革命和未来》，第206页。
② 莫尔特曼：《希望神学》，第16页。
③ 莫尔特曼，《希望的未来》，第9页。
④ 莫尔特曼：《宗教、革命和未来》，第216页。
⑤ 莫尔特曼：《希望和计划》，第25页。

学到一个新现实（novum）。布洛赫声称，所有西方哲学都把知识看作思维对原始存在的原型概念之回忆，它在历史上桎梏一个新 novum 或新创造。布洛赫主张现代的历程哲学（process philosophy），特别是黑格尔，试图把人从原始存在的复位中解放出来。然而，所有的企图都不可避免地堕回这个对原始存在的追求，他们把最终（ultimum）固定在原初（primum）的框架上。①布洛赫想脱离这种永恒回归的概念或循环过程，而启用 Incipit vita nova（新生命开始）的圣经概念。

　　所有宗教都试图在祭仪上接近"新现实"，并论及重生、复生和复原，但基督教的新现实概念是"新生命"（inciptivita nova），是在历史中一个独特起始点。基督教是唯一的宗教能将"原初"（primum）、"最终"（ultimum）和一个"新"（novum）现实统一起来。②莫尔特曼从布洛赫处获得此洞察，并把复活当作历史的新现实，而不是历史的类比。在历史和最终新现实方面显示他自己的上帝之存在，对于莫尔特曼，必须以不同于传统形上学的存在模式来思考。在出埃及之上帝的精神里，上帝的名字应该是"我将是未来的"（I will be whom I will be）（《出埃及记》3：14）。这个辩证的概念区别于非短暂及不变的存在模式。莫尔特曼声称这个名字解释了通向未知未来的真实的及历史性的上帝，他是 Deus Spes（希望的上帝），一个"终极的上帝"（Omega God），上帝是"把未来作为他存在模式"的那位。③

　　莫尔特曼把未来的本体优先安置于时间的其他形式之上。这

---

　　①　参考布洛赫的《人的自行其是》（*Man on His Own*, trans. E. B. Ashton, New York: Herder & Herder, 1970），第80—92页；莫尔特曼《希望神学》，第296页；《宗教、革命和未来》，第13—26页。

　　②　同上书，第157—158页。

　　③　同上。

样，人需要"把未来的时间范畴看作属于上帝的现实"。①故此，
按布洛赫的话，上帝就被认作乌托邦的存在，或如莫尔特曼所
说，是终末的存在。布洛赫鼓吹在现实中的"巨大乌托邦的临
在"。思想和行动的"乌托邦功能"被莫尔特曼进一步发展。布
洛赫著名的格言是"S is not yet P"（主语还不是谓词）。②引进
"尚未"的结构要求于存在概念里一个根本的变化，将静态的巴
门尼德存在（Parmendean being）取代，莫尔特曼引入了赫拉克
里特的生成（Heraclitean becoming），这是尚未实现的本体，是
生成的上帝（God in becoming）。"所以，作为上帝存在模式的未
来也包括了那从前被称为他的永恒。"③

　　与其回到原始存在，莫尔特曼想回到原始潜力的原始生成
（primal becoming）。④根据莫尔特曼，未来有两个明显意思：作为
futurum 的未来和作为 adventus 的未来。这个区分对作为未来上
帝的本体概念是基本的。如前所提，拉丁语 futurum 与希腊语
physis 同词源，而 physis 是生产者、所有事物的永恒生产子宫。
莫尔特曼说："physis 是神圣的，它将出现于生成和存在生产的
永恒过程中，它是原始潜力的实现。"⑤

　　另一方面，莫尔特曼意识到 adventus 此词的发展，Zukunft
是未来的德语字，是 adventus 和 parousia 的字面翻译，这样"上
帝的临在"（dventus Dei）就不在与"存在的未来"（futurum）相
混淆。他写道："上帝的存在并不处于世界生成的过程中……上
帝的存在是他的来临。他不是一个以 futurum 作为存在模式的上
帝（布洛赫），而是以 Zukunft（future）为他的模式来作用于现

---

① 　莫尔特曼：《希望的未来》，第6页。
② 　布洛赫：*Das Prinzip Hoffnung*，第165—166页。
③ 　同上书，第14页。
④ 　莫尔特曼：《希望的未来》，第11—12页。
⑤ 　同上。

在和过去。"①他把自己与布洛赫唯物的未来（futurum）区别出来，布氏将 futurum 和 physis 联合起来，并限制 physis 的意义为物质（matter）。

莫尔特曼又把他的终末本体论同艾尔弗雷德·诺思·怀特海（Alfred North Whitehead）提倡的历程形上学（process metaphysics）区别出来。历程形上学被 futurum 指导，是"生成形上学"（metaphysics of becoming）。相对于这个历程形上学，莫尔特曼的形上学被 adventus 而不是 futurum 指导，是来临的（coming），而不是生成的（becoming），是 parousia 而不是 ousia；是"来临"而不是"临在"（immanance）。Adventus 和 parousia 根源于先知和使徒的弥赛亚主义，莫尔特曼说："它从不表示再来，而总是在弥赛亚荣耀里光荣的那位的急迫来临。"②上帝不是在世界历程里的生成，而是来临的那位。这一点将莫尔特曼的希望形上学与布洛赫的"唯物尚未实现的形上学"和怀特海的"合生捕捉形上学"（concrescence of prehension）区别出来。③因这个原因，莫尔特曼坚持"从上"的唯心精神（黑格尔）和"从下"的唯物精神（马克思，布洛赫）的解释需要与"从前"的精神进行辩证和解。另一方面，历程神学提倡未来被过去的可能性和现在的决定所塑造，莫尔特曼使现实转移适应于未来。

莫尔特曼进一步指出，如果上帝是"正来的那位"，并且未来属于上帝的存在模式，那么时间从未来流入现在，而不是从过去到未来。这样，未来就成为时间的"灵魂"；这是根本上新颖

---

① 莫尔特曼：《希望的未来》，第 13 页。

② 同上书，第 7 页。

③ 艾尔弗雷德·诺思·怀特海：《过程与实在》（Alfred N. Whitehead, *Process and Reality: An Essay in Cosmology*, corrected ed. New York: Free Press, 1978），第 23 页。莫尔特曼在《希望和历史》里区分他自己和过程神学（第 210 页）。

和完全的转化。"现在"成为 praesentia，"未来在时间中的期待"。[1]如果未来是 futurum，那么过去就永远消失了；但如果未来是 adventus，那它已经在过去中宣告自己。Adventus，最终，是过去的唯一未来。当 futurum 对"尚未存在"（not – yet – being）抱有希望时，独个 adventus 也可以为"不再存在"（no – longer – being）提供希望，因它是最终新存在的希望，即上帝是充满万有者所充满的。[2]对于莫尔特曼，上帝的未来会不可避免地引向基督的未来，就是被钉十架的上帝。[3]

第三节 被钉十架的上帝——苦难神学

莫尔特曼的方法论原则——辩证和解（辩证神学），展开了启示为历史的应许，这个启示就是历史的概念进一步发展成他的另一个方法论原则——终末论的神学（终末神学）。下一个方法论分界是历史和基督论的关系，莫尔特曼开展一个描述出埃及和复活的上帝，而不是永恒现在的主显上帝；此构思与现代神学相比截然不同。

一 历史与基督论

面对历史为实证的、主观的和普救的观点，莫尔特曼试图将神学建构在"它（神学）自己的历史概念和它自己的历史叙述观点，此观点是建立在一个复活事实的神学与终末论理解基础上

---

① 莫尔特曼：Antwort auf die kritik der Theologie der Hoffnung，第218页。

② 同上书，第217页。

③ 莫尔特曼说："上帝存在模式是在未来的范围内，在他未来的这个历史中什么是危险的……所以，上帝的存在是作为未来出现，但还不是永恒出现，它以希望的时间来组成历史。"（《希望的未来》，第20—21页）

的"。①莫尔特曼声称，他已经发展出一套能使复活、历史和自然对现代人可信的历史观点。在莫尔特曼的神学里，启示的理解为紧密联系于对被钉十架那位的复活。他说："基督教信仰随着耶稣从死里复活的事实上站立或跌倒。"②因复活并不与我们已知的历史平行相应，故它不能限制于类推的或历史的方法，它被更确切地理解为"对所有全体来临的一个类推"。③唯有一个历史的新概念，即这个世界不是最终的或完成的，而是临时的、变换的及可赎的，才能对这个事件有公平的交代。

《被钉十架的上帝》不是《希望神学》的补充思想，而是理解上帝对被钉基督复活的承诺应许中最为合适的第二发展阶段。他断言，它不是"从复活节号角到受难节哀悼的一步退回……如果后者的开始点基于被钉基督的复活，那么十字架神学正是基督希望神学的相反方面"。④莫尔特曼主张："基督教信仰在于它的原初和核心的复活信仰和复活希望上。"⑤这组成了历史现实的基础，并且它是基督教神学的适当出发点，以此我们才能谈及一个基督教概念的历史。

"显现宗教"（epiphany religion）试图借着循环次序抹杀历史或让人对历史的无意识来遮盖"历史的恐怖"。然而，莫尔特曼争辩说，基本的历史概念应当具备一个合适的终末取向，并且它需要与"应验的希望范围"⑥相符。从一开始，莫尔特曼就关注"终末十架"（eschatological crucis）的神学方法。正是在彼拉

---

①　莫尔特曼：《希望神学》，第 180 页。

②　同上书，第 165 页。

③　同上书，第 180 页。

④　莫尔特曼：《被钉十架的上帝》，第 5 页。

⑤　莫尔特曼：*Das Ende der Geschichte*, *Gesammelte Aufsatze*, Munchen: Chr. Kaiser Verlag, 1968，第 245 页。

⑥　莫尔特曼：《神学观察》，第 236 页。

多之下十架受苦和死亡的事件中，人们才能谈及上帝的"道成肉身"。没有定基于此公开发生的彼拉多事件，基督教信仰就失去了它的历史性。[①]没有十架与历史（chronos）和历史上的彼拉多联系起来，就没有上帝应许的历史描述。这个历史的终末性概念与希腊主显观念和现代历史观念都有辩证性的差异。

现代历史学家和历史哲学家倾向于在历史中寻找"一个临在理性"（immanent logos），来克服这时代缺乏历史意识的危机，从而在历史的偶然性中带来一些秩序。[②]莫尔特曼提到蒂尔希（Dilthey）、鲍尔（Baur）、海德格尔、冯拉德（von Rad）和德罗森（Droysen）这些著名学者，他们都想用减轻"历史噩梦"来理解历史。[③]尽管"历史的定义、理解和领悟不可避免地同时带来了废除的、否定的和灭绝的历史"，[④]莫尔特曼指出，如此的理解反映了在变化中关注理性（logos）的希腊式思想。它以"被威胁秩序的视野"[⑤]来反思历史。对这个希腊传统的另一选择是希伯来历史的观念，它以崭新的和应许的范畴来观察历史。历史的真正范畴，不再是过去和短暂的，而是未来的。[⑥]莫尔特曼坚持运用他的方法论原则——辩证和解，创意性地综合这两个传统。他坚持历史编纂学和历史哲学的基本问题是"历史与'历史终结'的关联问题"。[⑦]可被经历和从终结观察而知的历史，只有从希望的角度才是可能的。唯有未来的视野提供了与过去联系的交点，因为未来是过去的未来也是现在的未来。这是终末论

---

① 莫尔特曼：《被钉十架的上帝》，第190页。
② 莫尔特曼：《希望神学》，第246页。
③ 同上。
④ 莫尔特曼：《神学观察》，第258页。
⑤ 同上书，第236页。
⑥ 莫尔特曼：《希望神学》，第260页。
⑦ 同上书，第262页。

的优势，借此每件事都从天国的应许来看，就是上帝从死里复活了的基督的行动构成人类普遍复活的前奏。这些是莫尔特曼在《被钉十架的上帝》中倡导的终末基督论和基督终末论的相互渗透的主题。

二　终末基督论

我们可以从终末论的观点，即上帝在基督从死里复活的天国应许中，来认识被钉十架的上帝（即基督论），这被称为终末基督论。[①]另一方面，我们亦可以从基督徒存在于世界的身份为观点来认识终末论，这就是基督终末论。莫尔特曼运用他的方法论原则——辩证和解，把这两个相对的因素联系起来。辩证和解的观点是上帝在基督十架上的真实临在，这里辩证和解揭示了基督徒身份的标准，并且给予了基督徒宣教的具体指示，就是在世界解放与和解的使命。

莫尔特曼的终末基督论回应着巴特以一个封闭的基督事件作为身份的和解（Identification of reconciliation）。[②]对巴特而言，末世主要被视作揭开已经应验在十架和复活事件里的和解启示。当终末论如此被嵌入巴特的和解教义时，"基督的未来"只能视为一件抽象事件来谈及，它所揭示的是已经发生的事。这样，道成肉身成为终末论的严格不变的视野。然而，莫尔特曼坚持复活不是已经应验的终末和解，它指着超越其自身的，且尚未实现或还未出现的事物。主体和客体的终末反思未能完全经历这个和解。对于莫尔特曼，十架和复活的事件创造了和解的一个真实过程，

---

①　这经常被批评为单方面的或简化的。事实上，这是许多批评者阅读莫尔特曼的《希望神学》的方式。然而，我们必须记得在他写作事业的这一时期，他是从一个中心焦点的观点来撰写神学。

②　莫尔特曼：*Probleme der neueren evangelischen Eschcatologie*, *Verkundigung und Forschung*, 11/2（1966），第106—109页。

它是在复活所置的力量（Inkraftsetzung）和在上帝未来里的应验之间发生的一个过程。①基督徒的希望是期待在基督事件中的一些新事物，不仅是最终的揭示，而且是他在万有中所应许的主权达至最后的实现。

　　基督的主权，对于莫尔特曼而言，不仅意味着一名基督徒生命里的一个现今事实。这个世界还未被基督所完全掌权。当死亡仍然在地上统治时，基督的复活是我们唯一能够用希望来参与的"伟大例外"。对这个终末事件的验证也仅仅在期待着。②基督的统治存在于他的复活和世人复活之间，世人的复活必须在主来临的启示中阐释。这个启示性理解是莫尔特曼批判实证主义者、存在主义者和普度主义者的历史概念的关键。③对于莫尔特曼，一个没有本体论的历史理解是存在的，这样就把他从所有其他在圣经以外寻求普遍基础和检验方案的神学体系分别出来。复活的叙述经常被用来显示在历史上和现实中的基督徒观点。复活事件，对于莫尔特曼来说，可以从上帝过去的应许中推演出来。他写道："未来历史和过去历史的联系是在这个前进的历史使命中彰显。传统历史的过去和现在之间的联系是应许和使命历史间的一座桥梁……这样过去历史和来临中的历史间的联系就不是提供在历史中的抽象确认事物的基础上，也不是在人类存在的永久'历史性'上；只有使命的方向才是历史中的唯一恒常数。"④

---

①　莫尔特曼：《希望神学》，第298页。
②　同上书，第58页。
③　道格拉斯·米克斯：《希望神学起源》（Douglas Meeks, *Origin of Theology of Hope*），第101页。莫尔特曼认为，历史实证主义还原历史为历史检验和过往客观性，反之存在主义还原历史为遭遇真实性和现存主观性，正是历史未来主义（终末启示主义）对未来可能性是真正开放的（《希望神学》，第188页）。
④　莫尔特曼：《希望神学》，第284页。

三　基督论的终末论

终末基督论强调期望、承诺和上帝未来的预期，但它没有谈及上帝未来的具体调和及它现在的真实临在。莫尔特曼转换卡什曼的论文 Eschatologia Crucis（十架的终末论）为基督终末论，即通过调和基督的受难和死亡及彰显的复活和生命。①莫尔特曼神学的支点就成为在基督十架中上帝临在的问题。他说："神学家必须面对基督的受苦，并且承认在基督被钉十架中的上帝本体，以后他们才能处理世上的苦难问题，而不致在一方面堕入基督徒的幻象，另一方面陷入无神论的幻灭。"②

基督终末论围绕"在基督被钉十架中的上帝本体"，它能在上帝的"具体受苦"方面被论述。在耶稣的十架受难里，人们看到"悲情中的上帝"。③莫尔特曼写道："十架的基督神学是一个上帝的关键理论，我因此关注路德的论文 crux sola nostra theologia。"④路德的论题为莫尔特曼所发展，他首先排除经典有神论所依赖不合适的希腊形上学，以至在有限和无限、历史和永恒之间强加的割裂。

第二，莫尔特曼倡导苦难神学的复兴，再思上帝的悲情。他开始于追溯来自柏拉图和亚里士多德的"解情"或"无情"（apatheia）思想为"人类解放"的斗争，⑤他说："自亚里士多德，就传说神的'解情'（theos apathes）。智慧之士的道德理想

---

①　莫尔特曼：《希望的未来》，第30页。

②　莫尔特曼：《被钉十架的上帝》，第28页。

③　同上书，第243—250页。

④　莫尔特曼：*Umkehr zur Zukunft*（Munchen：Siebenstern Taschenbuch Verlag，1970），第133页。

⑤　莫尔特曼：《被钉十架的上帝》，第267—270页；《希望实验》，翻译：道格拉斯·米克斯（Philadelphia：Fortress Press，1975），第73页。

是能够相似于上帝，并且在他的国度中分享。智慧之士必须克服他的冲动和需要，并且引入一个没有烦恼和恐惧，没有愤怒和爱情，一句话，一个解情的生活。"①

在远古的思想中，痛苦属于低级冲动。当基督徒吸纳了希腊的形而上学，指责自由与悲情不能相联系；其结果是将在神圣自由与恩爱之间筑起一道篱笆，并且他们将悲情与恩情结合的可能性割裂。这样，无情神学或称作解情神学就发展起来，所提倡的"无情"是人对苦难的一种回应。②

如前面所指出，莫尔特曼对经典无情神学的批判是他与犹太神学家的对话所激发形成的。他写道："正是与希腊文化和耶胡达·哈勒维（Jehuda Halevi）、迈蒙尼德（Maimonides）和斯宾诺莎（Spinoza）的犹太神学争峙的亚伯拉罕·赫斯秋（Abraham Heschel），他第一个描述先知们所宣告的苦难神学。先知们在上帝情怀中体会他们自己和百姓。赫斯秋称这个上帝的情怀为上帝的悲情……当亚伯拉罕·赫斯秋试图与希腊哲学、儒学、佛学和伊斯兰教的区分时，……以色列对上帝悲情的理解就是如此独特的。"③

论到一位奥斯威辛的幸存者威瑟（Wiesel）时，莫尔特曼指出："如同基督的十字架，奥斯威辛都在上帝自己里面，甚至奥斯威辛被纳入父的悲哀、子的顺服和圣灵的能力中……上帝在奥斯威辛和奥斯威辛在被钉十架的上帝——那是拥抱和克服世界的真正希望的基础。这是一种强过死亡，并能支撑死亡爱的基础。它是活在历史的恐怖和历史的结局之基础，并且不管怎样留存在

---

① 莫尔特曼：《希望实验》，第73—74页。
② 莫尔特曼：《被钉十架的上帝》，第268页。
③ 同上书，第270—271页。

爱里和迎接上帝未来的宽广盛况中。"①

"在无情上帝（apathetic God）的情况下，人成为一个无情人（homo apatheticus）。在上帝悲情的情况下，他成为一个同情人（homo sympatheticus）。神圣悲情反映在人类的同情、希望和祈祷中，同情是一人对别人出现的公开表现。"②

根据赫斯秋的说法，莫尔特曼称这个为"上帝悲情和人类灵性的通情"的两极神学。在《希望实验》里，莫尔特曼在同一论调中写道："通过同情，人能联通于上帝的悲情。他并不进入一个非历史的神秘（ahistorical unio mystica）中，而是同上帝进入历史的共情中（unio sympathetic）……在与悲情上帝的立约里，人走出了他自己，参加了其他人的生活，并能与他们同甘共苦。"③

这是直接从莫尔特曼基督终末论所引申出教会的使命，并且它指向其政治神学的发展。他发现政治神学的内核是基督终末论，其中心是十字架神学，而十架神学至终是在上帝如何能参与耶稣的受苦和受死的终极问题上。

四   终末的本体论

莫尔特曼被钉十架上帝的概念不同于上帝死了的神学。莫尔特曼尝试回答黑格尔的社会哲学和其所引申出来有关上帝的问题。对于黑格尔，现代世界有一个上帝新的定性经验，它不同于启蒙时代和罗马时代的方法。启蒙时期宣称人已经成长为"法定年龄"，人从自然和历史中通过科学控制这些力量，终于从上帝的统管中释放出来，并且经历到上帝的死亡。如此，人类遭受

---

① 莫尔特曼：《被钉十架的上帝》，第278页。
② 同上。
③ 莫尔特曼：《希望实验》，第76页。

丧失上帝和失去给予他生活整全意义的后果。虽然康德鼓动把现实的分区纳入不同领域，这样就能以理论的和实用的理性来处理，而上帝就被重新安置到属于人类道德诫命的实用理性之先验假定中。①但是这个上帝不能以密切关联于历史、自然和社会的疏离经验中呈现。另外，浪漫主义者试图按照不能言喻的直接经验来谈及上帝。在工业化的压迫和非人化的社会里，他们逃离到一种直接自我的想象。

对于黑格尔，启蒙时期和浪漫时期的疏离途径借非历史的反思来赢得人类的自由。黑格尔试图按照历史中受难的耶稣被上帝遗弃（godforsakenness）来阐释现代经验里上帝的空缺。②耶稣的个人历史成了现代历史经验的象征。十字架上"耶稣被上帝遗弃"相关于现代社会整全意义的丧失，十字架成为精神（或译作"灵"）对现今疏离的无限伤痛之当代体验。它名为思索性受难节，这样思索性受难节能从现代世界被上帝遗弃的境况中得到意义。根据黑格尔，思索性受难节代表了上帝与现实的关系与虚无即死亡的力量对比。③在这个现代的、技术的和工业的社会，黑格尔相信人必须转向历史作为意义的焦点，上帝的问题不再是一个介于超越和临在、时间和永恒的选择，而必须是现实透过历史性经验现实的整全意义的一个问题。对于黑格尔，这种历史上的超越只有在承受上帝死亡的无限痛苦的辩证才有意义。这个伤痛是因现代存在和它的超越的对比所造成的，黑格尔的解答是在十架和复活事件中的一个辩证和解。然而，在他绝对精神（灵）

---

①　康德，《道德形而上学基础》，翻译：H. J. Paton（New York：Harper & Row，1964）；also *Promlegomena to Any Future Metaphysics*, trans. Paul Carus, ed. James W. Ellington（Indianapolis：Hackett Publishing Co.，1977）。

②　米克斯：《希望神学的起源》，第36页。

③　黑格尔：《宗教哲学演讲录》，*Lectures on Philosophy of Religion*，trans. E. B. Speirs and J. B. Sanderson（London：Kegan Paul, 1895），Ⅲ，第93—94页。

的辩证里，真实历史因素被融入心灵意识里，他仅仅把上帝在十架上"否定的否定"作为绝对精神（灵）的内在因素。

布洛赫修正了黑格尔的辩证和解，对莫尔特曼的希望神学意义重大。布洛赫认为，在历史过程中基督的"新"（novum）是"身份家乡"或将终末性定义为"重生和显荣"、"潜伏和趋向的辩证"。①对于布洛赫，"趋向"意味介于真实、客观可能性和主观决定之间的调解。莫尔特曼列出这些词汇来说明主观与客观之间为复活所启动的历史调解，充满希望的复活意味着在被钉十架上帝的应许里潜伏着永恒的生命。②这个应许的潜伏，将引致上帝的生命在复活里战胜死亡的潜在能力，这个潜力的趋向就是让上帝的荣耀渗透万物。他说："它是趋向之内在的潜力，它向前及向外迈进闯入前面可能性的领域，并且充满着应许。"③

根据布洛赫，此过程被启动迈向一个目标，因为它的潜伏，这个过程期待地移向布洛赫所谓的"全有"或"全无"、天堂或地狱的一个调和。对于莫尔特曼，这个介于"全有"和"全无"之间的抉择不间断地呈现于人前。虚无的力量和死亡是对和解过程的最大威胁。根据莫尔特曼，基督徒对死里复活的希望粉碎了布洛赫乌托邦对虚无之外的可能性。然而，甚至在死亡和虚无中，人仍能将希望寄托于上帝，因为他已从虚无中创造了万有，并且承诺从死亡里面创造生命。

这是希望在终末时，就是上帝所应许的生活和公义实现时，显现最远的范围和最高的景象。他说，"宇宙将根据历史被纳入终末的过程中"。④那么，现实就不是一个永恒的宇宙，而是"即

---

① 布洛赫：*Das Princip Hoffnung*，第258页。
② 莫尔特曼：《希望神学》，第203—207页。
③ 同上书，第213页。
④ 莫尔特曼：《宗教、革命和未来》，第217页。

将应验之历史过程"。①这个终末宇宙论引出莫尔特曼的终末本体学和本体的终末论。对于莫尔特曼，布洛赫的乌托邦有别于基督终末论，布洛赫的乌托邦是一个不为上帝，也不为人所调控开放终结的未来。尽管布洛赫与莫尔特曼都断言未来是可能性的开放领域；然而，莫尔特曼力倡基督教的终末论依循着历史的进程所引进的大结局是一个"全新"的现实，即新创造（nova cre-atio）。

第四节　革命转化论——政治神学②

莫尔特曼进一步具体而实际地开展希望神学的内容，他沿着教会的革命使命，发展出政治神学。政治神学的核心是以十架神学为中心的基督终末论。莫尔特曼理解十架神学为上帝参与在耶稣的受苦和受死中，由此构成了基督教有关上帝的身份和基督徒在世界上的使命之基础。这样，莫尔特曼的政治神学就在本质上成了实践神学和宣教神学，此进路是他的方法论原则（辩证和解）持续应用的逻辑结论。因此，政治神学是终末论的重要部分，亦是贯穿莫尔特曼希望神学的整体及各部分。莫尔特曼的政治释经学、出埃及教会论和终末伦理学将在这一节中进行研究。

---

① 莫尔特曼：《宗教、革命和未来》，第 217 页。
② 如此强调的代表是：Dorothee Soelle，《政治神学》（*Political Theology*, Philadelphia: Fortress, 1974）；Johann Baptist Metz，《世界的神学》（*Theology of the World*, New York: Herder and Herder, 1969）；Carl Braaten and Robert Jensen，《未来派选择》（*The Futurist Option*, New York: Newmann, 1970）；Andre Dumas，《政治神学和教会生活》（*Political Theology and the Life of the Church*, Philadelphia: Westminster Press, 1978）；Alistair Kee, ed.，《一个读者的政治神学》（*A Reader in Political Theology*, Philadelphia: Westminster Press, 1974）；Alfreds Fierro，《激进福音》（*The Militant Gospel*, Maryknoll: Orbis, 1975）。莫尔特曼代表了一位不断与这些政治神学家们相互影响的新教政治神学家。

一 政治释经学①

莫尔特曼倡导其创造性终末论或政治神学是神学的调解范围，在当代神学的二分法中得到辩证的和解。基督教信仰在特定的政治处境中有两种模式②：第一种模式被称为"解负"（unburdening）模式，在此教会必须从政治中分离出来，这样政治可以脱离宗教。第二种模式，称为"通联"（correspondence）模型，教会的自由信仰和解放向度的通联，从而同资本主义的奴役、种族主义和政治生活中的技术统治论（technocracy）联系起来。③两种模式都从普遍到特殊的方向接触政治，主要关注是分别上帝与世界、终末与终结。对上帝与世界、终末与终结的通联只是次要的关注，莫尔特曼试图在一个历史辩证里调解这两种模式。他说，只有当"上帝在世界中，这位超越者在此时和此地里，普遍在具体中，终末在历史中，从而形成被钉那位和真正解放神学的一个政治性释经"。④

莫尔特曼认为，当代释经学被理性基督教神学的特定假设所统配，他说："理性基督神学可以是宇宙论神学或历史化神学，也可以是伦理神学或存在神学，还可以是本体神学。"⑤他拒绝巴特的本体神学释经法，因它太不相关于人类和世界的状况。⑥同

---

① 汉斯—格奥尔格·伽达默尔：《释经学和社会科学：文化释经学》（Hans - Georg Gadamer, "Hermeneutics and Social Science", in *Cultural Hermeneutics* (1975)），第308—314页，此文有助于理解释经学和政治神学。

② 莫尔特曼：《被钉十架的上帝》，第294—298页。

③ 大卫·特雷西：《类比想像：基督神学和多元文化》（David Tracy, *The Analogical Imagination: Christian Theology and the Culture of Pluralism*, New York: Crossroad, 1981），第8—9页。

④ 同上书，第297页。

⑤ 莫尔特曼：《希望神学》，第273页。

⑥ 同上书，第281页。

样地，他将自己与潘能伯格的历史化神学释经法区分出来，其格言"历史是于全体里的实在（history is reality in its totality）"，这形成了潘能伯格神学的释经结构。[①]

莫尔特曼指出，复活的历史确证依赖于"一个普遍复活所支配的历史观，死亡在历史终结和完全时消灭了"。[②]于是，莫尔特曼指出潘能伯格的神学将"耶稣十架退归于他的复活"。[③]运用潘能伯格的格言："历史是于全体里的实在"，莫尔特曼得出结论，实在的全体应同时包括十架受难和复活。十架经常提醒我们，这世界并不是一个完整体系，而复活提示我们这个世界将在新创造中成为一整全宇宙。[④]

进一步地，莫尔特曼拒绝埃贝林（Ebeling）的存在主义新释经学，他指出这是一个主观主义的哲学；在此种新释经学中，人只有逃离世界才能归回自己。这种释经学强调现在和个人方面；反之，莫尔特曼主张未来的和社会性的释经学，人只有当融入"神的使命"（misso dei）中时才能发现他的身份。[⑤]莫尔特曼也反对康德和里奇尔（Ritschl）的道德—神学释经法。对于康德，道德理性必须指导经文的理解，并且导致生活实践的原则。康德写道："所有经文解释，在

---

① 沃尔福特·潘能伯格，（Wolfhart Pannenberg，"Heilsgeschehen und Geschichte"，*Grundgragen systematishcer Theologie*，Gottingen：Vandenhoeck und Ruprecht，1967），第 27 页。

② 莫尔特曼：《希望神学》，第 82 页。

③ 同上，第 83 页。

④ 莫尔特曼自 1967 年，对潘能伯格的批评少了，他承认《历史的启示》（*Revelation as History*）中某些他的批判被潘能伯格后继出版著作证明无效，他进而说，"我在潘能伯格最新著作里发现更多的共同点而不是分歧点"。（Antwort auf die Kritik der Theologie der Hoffnung，*Diskussion uber die "Theologie der Hoffnung" von Juurgen Moltmann*，ed. Wolf - Dieter Marsch，Munchen：Chr. Kaiser Verlag，1967，201—238）。

⑤ 莫尔特曼：Anfrage und kritik. Zu G. Ebeling's Theologie und Verkundigung，*Evangelische Theologie*，XXIV：25 - 34，No. 1，1964。

有关宗教的范围内，都必须根据道德原则来产生，否则它们就是空虚的。"①里奇尔的道德释经学是进入实践的一个理论转化：每件真实事物都是实践的，并且所有的实践也是真实的；它成为大多数现代人的真理标准。莫尔特曼认为，这个道德释经学过分简化了，理论到实践，客观到主观的论调流于空洞。

根据莫尔特曼，圣经记载唯有遵守三个释经原则时，经文才能得以正确解释：第一，恒常要素是指基督事件在上帝应许的光照中理解；第二，不变要素是圣经记载的未来导向；第三，过往的信仰和未来的希望会引向现在的圣爱使命，这被称作使命释经学。它视人如"尚未建立的本体"（not‐yet‐established be‐ing），却是融入历史；也正是在历史中人性化的可能性才联系于关乎世界上帝呼召的使命。莫尔特曼主张："在这个呼召中，人被给予一个新力量的前景……结果他能成为'尚不是的'（not‐yet）和'从不是的'（never yet was）。"②上帝的使命驱使人生活于历史的视野上，而不是处于非创造的永恒秩序上，因为人类和世界都参与尚未的存在中。

莫尔特曼的政治释经学开始于马克思的"宗教批判"。马克思的两个声明总是在莫尔特曼的思想中闪现。第一个是马克思的声称"宗教批判是一切其他批判的前提"；第二个是马克思反对费尔巴哈的第十一篇论文："哲学家只能以不同方式解释世界：然而，关键是去改变它。"③第一个声明是马克思评论费尔巴哈为

---

① 康德：*Streit der Fakultaten*（Hamburg：Philosophische Bibliothek，1959），第44页。

② 莫尔特曼：《希望神学》，第285—286页。

③ 马克思和恩格斯：《黑格尔法哲学批判》，《政治和哲学中的基本著作》，（Marx and Engels，"Toward the Critique of Hegel's Philosophy of Right"，*Basic Writings in Politics and Philosophy*，L. S. Feuer，New York：Anchor Books，1959），第262、245页。参考莫尔特曼《希望神学》，第318、336页。

了世上的正义所作天堂的批判。①宗教对于马克思来说是鸦片，因为它只是先验的和幻影的实在。莫尔特曼相信这个声明指向的是取自从疏离天堂的批判到疏离尘世批判的基督教释经学和伦理学的动向。第二个声明表达了基督教范畴性的诫命到希望中世界的转化。这正是莫尔特曼希望神学的路向：对天堂的批判转向了对尘世的批判，对宗教的批判转向了对权力的批判，对神学的批判转向了对政治的批判。

这样关于邪恶和苦难的神义学就变成了政治问题，它是人在不同政治向度里的人性化（humanization）问题，莫尔特曼在这里所指的"政治"是以最广泛的含义来描述。不仅人类的命运而且自然的命运都在政治的领域内，他说："政治领域指明了自然力量与社会中人类关系的征用和使用的建设及破坏可能性的广阔区域。"②

莫尔特曼力倡一个政治释经学必须相关于基督事件。十字架是世界真实悲怆的表达；复活是上帝对此的抗衡，并且基督的使命是为这个世界带来自由、新秩序与平安的普遍解放前线。他说："一个物质性释经学，无论如何，必须寻找当前情况的转变……（以概括）实践解放的方式和方法。"③莫尔特曼写道：除非真理"包括了世界转变的动力，否则它只会成为世界的一个神话。因为现实已成为历史，并且人作为一个历史存在来经历他自己，他将只有在历史实践中才能发现一个意识和存在可能的一统，这是真理的事件"。④这样，就有一个理性（logos）和气质

①　路德维希·费尔巴哈：《基督教的本质》，翻译：乔治·埃利奥特（Ludwig Feuerbach, *The Essence of Christianity*, New York: Harper & Row, 1957）。

②　莫尔特曼：《宗教、革命和未来》，第218页。

③　莫尔特曼：《通向一个福音的政治释经学》，《宗教、革命和未来》，第97—98页。

④　同上书，第138页。

(ethos)、理论和实践、信仰和行为、期望和参与之间的辩证和解；这些要素在莫尔特曼的政治释经学和神学中保持在它们张力的统一里。

二　"出埃及"教会观 (The Exodus Church)

如前所述，格丁根学派对莫尔特曼有重大影响，特别是他的教会论。莫尔特曼激化了韦伯的终末和宣教教会论。韦伯理解教会是一个"等待教会"，一个"终末群体"，一个不是为自身存在而存在的教会，而是为世界而存在的"宣教群体"（Missions-gemeinde）。① 艾温得（Iwand）理解世界上的教会为一个"朝圣教会"或一个"出埃及"的群体。②在第一章中提到的德国使徒神学家霍肯迪克（J. C. Hoekendijk）、梵儒勒（A. A. van Ruler）和里德博斯（H. N. Ridderbos）也影响了莫尔特曼的"宣教释经学"。③对于霍肯迪克，终末论和"神的宣教"（missio dei）不能分裂，他提倡出埃及犹太人的观念，或出埃及教会和为世界的教会。④

莫尔特曼认同以上所提的出埃及教会，力倡教会使命的目标是向全世界申述调解十架和"基督再临"（parousia）之间的弥赛亚时期有关基督事件的重大价值。这是基于作为应许的启示，宣教（拉丁语 missio）总是"应许"（promissio）的答案。莫尔特曼说："普遍性未来的应许导致对所有民族普世宣教的教会必

---

① 奥托·韦伯（Otto, Weber）：*Grundlagen der Dogmatik*，Erster Band，第 572、576、570 页。
② 汉斯·艾温得（Hans Iwand）：*Predigt – Meditationen*，第 165、286 页。
③ 莫尔特曼：《希望神学》，第 272 页。
④ 霍肯迪克（J. C. Hoekendijk）：*The Church Inside Out*，ed. L. A. Hoedemaker and Pieter Tijmes, trans. C. Rottenberg（Philadelphia：The Westminster Press, 1966），第 162、185 页。

要性。"① 与使徒神学的思想同一阵线,莫尔特曼争辩救恩并不仅仅意味个人的和解与宽恕,而"必须被理解为在旧约意义上的平安"。② 与平安(Shalom)的意义一样,救恩包含了"认识正义的终末希望、人类的人性化、人类的社会化、万有的和平"。③

三 终末伦理学

对于莫尔特曼而言,理论和实践、理性和气质是统一的,他的终末神学必然会包含着终末伦理,他的神学可被视为基督社会实践的一个理论。莫尔特曼的终末伦理建筑于现实作为历史的神学理解,它们根本上不同于建筑在永恒现在、永恒秩序形而上学的希腊伦理(譬如阿尔索斯[Althaus]的造物秩序的伦理)。莫尔特曼认为,这种希腊伦理在一个工业化和革命的历史世界里已成问题。秩序伦理和处境伦理主要的问题是它们对历史和终末论没有意义,只有朋霍费尔的召命伦理在欧洲处境中可真正称为历史性。莫尔特曼倡导圣经伦理从不是来自联系于造物永恒秩序的永恒及时间以外的原则。在圣经里,上帝的意旨揭示于历史,并引向历史的使命。这个使命是一个"非人化的抗衡"。④人的全部人性被"贫困、饥饿、疾病和苦难"所否定。⑤ 故此,莫尔特曼催促"基督教应参与在协助更多饥饿、贫困和疾病的人们脱离

---

① 莫尔特曼:《希望神学》,第 225 页。

② 同上书,第 329 页。这个教会—世界的主题也被发现存在于其他神学家,如 Rahner, Ogden, Metz, Schillebeeckx, Kung, Segundo, Gilkey 等。天主教神学家施勒贝克斯(Schillebeeckx)称它为"教会如世界的终末圣礼"模式,见《教会的使命》,第 43—51 页;拉勒(Rahner)在《神学探索》(*Theological Investigation*)中回应相似观点说"教会的职务是带来世界的救恩和人性化",第 3—29 页。

③ 同上书。

④ 莫尔特曼:《宗教、革命和未来》,第 170 页。

⑤ 同上书,第 123 页。

这些状况的社会项目上"。①进一步而言，人的真实人性否定于
"当他根据他的肤色被拒绝或承认时……通过种族歧视，人在他
本性的最核心处被侵犯。所以不可避免地白人种族主义的牺牲者
将起来反抗，并诉讼他们失落的人性"。②

科技机器可能是人的全部人性被否定的另一种控制形式，当
人手的产品成为自主，并开始统治制造者时，人的尊严和特权将
被剥夺。③它将导致把人变成机器的一部分，这是科技统治者的
暴政，其结果就是人将面对厌倦、困乏和虚无的疾病；厌倦和空
虚尤其明显地存在于工业化国家。对于莫尔特曼，只有希望于人
的最终人性化，才能把他从这样的困境中解放出来。

终末伦理是莫尔特曼方法论原则辩证和解的一贯运用。基督
教的希望是介于人试图独自实现历史目标的革命，和从参与中退
下的现实主义之间的中间路线。前者受困于高傲，而后者则受困
于绝望。莫尔特曼写过一篇文章《希望的现实主义》，因着基督
的十字架，基督教的希望认定现今世上的苦难；而它也寻找现在
的转化，是因为它在新创造中的最终希望。④这个转化经常采取
革命的形式，莫尔特曼称之为："在一个系统基本处的转化……
我们生活在一个革命处境中。我们于未来将更多体验历史为革
命，我们只能以一个革命方式对人的未来负责。"⑤

进而，莫尔特曼写道："新的革命处境已把基督教带入一个
身份的深刻危机中。基督徒和教会只有当他们克服自身的宗教疏
离和对人的自由自我实现的障碍时，才将重新发现他们的真实自

---

① 莫尔特曼：《宗教、革命和未来》，第 123 页。
② 同上书，第 40 页。
③ 同上书，第 124—125 页。
④ 莫尔特曼：《希望的现实主义》，《神学月编》40（1969 年 3 月），第 149—
154 页。
⑤ 莫尔特曼：《宗教、革命和未来》，第 130 页。

我意识……希望的终末（弥赛亚）传统能在现今的革命中带来基督教信仰新生的崛起。"①

根据莫尔特曼的说法，问题的核心与其说是一个革命神学的发展，不如说是神学中的一个革命。他说："神学和信仰的新标准在实践（praxis）中被发现。"②真理必须是可以实行的，"在神圣转化的期待中，我们转化自己和围绕我们的处境为新创造的形象"。③这样，"教会就不是世界斗争的神圣仲裁者，在目前为自由和正义的斗争中，基督徒们必须站在被压迫者的一边"。④革命将面临反作用，改革将有反改革。这些反作用和反改革的形式可能陷入暴力。莫尔特曼说："暴力和非暴力的问题是一个幻觉问题，只有正义与非正义应用武装是否成正比的问题……革命暴力必须以革命的仁慈目标来衡量，亦需要正视现存权力结构在非人性中所揭露的'丑恶力量'来判断。"⑤

小　结

这一章始于莫尔特曼在他神学方法的"历时性"及"生命基因成长性"（epigenetic），而终结于在"共时性"及主题式对教会的分析。奥斯威辛或非人性化是贯穿莫尔特曼的神学方法的主题。战争的社会苦难中的个人苦难影响着莫尔特曼的生活并渗透到所有他的存在，奥斯威辛是莫尔特曼希望神学方法的一切。他个人历史处境的社会—现象学理解在终末希望的亮光下，展示出那被钉在十字架上而将来临的那位。基督徒们不是属于世界的，

① 莫尔特曼：《宗教、革命和未来》，第 132、135 页。
② 同上书，第 137 页。
③ 同上书，第 139 页。
④ 同上。
⑤ 同上书，第 143、144 页。

而是活在世界中，也是为了世界而活。①对于莫尔特曼而言，基督的使命比救赎的生命改变更广阔，它是社会—政治和革命转化。

莫尔特曼运用了辩证神学（黑格尔辩证和解）、终末神学（终末论神学）、苦难神学（被钉十架的上帝）和政治神学（革命转化）作为回答两个现代相关的问题："基督教信仰的内在意义（身份问题）"和"基督教信仰的外在相关性（神义学问题）"。下一章将在这两个教义的实际展示中进一步阐明。这四种方法论原则将在教义研究的阐明中予以讨论。莫尔特曼社群三一论的教义被选择为对身份问题"基督教信仰的内在意义"的神学方法展示。受难基督的十架神学教义，被选作展示莫尔特曼的神义学的方法论，它处理基督教与现代世界的相关性问题，即基督教信仰关联于世界的外在意义。

---

① 读爱德华·施勒贝克：《世界的教会、圣礼》，《教会的使命》7（1993），第43—51 页（Edward Schillebeeckx，"The Church，Sacrament of the World"，*The Mission of the Church*）。对这个教会的世界导向模式的建设性总结，看罗杰·海特《使命：理解今日教会的象征》，《神学探索》1（1973），第94 页（Roger Haight，"Mission：The Symbol for Understanding of the Church Today"，*Theological Investigation*）。大卫·特雷西主张保持终末使命和代表标记于平衡的"世界的终末圣礼"模式（David Tracy，*The Analogical Imagination*，New York：Crossroad，1981，p. 442）。而这是莫尔特曼与特雷西一致的地方，在方法论上，其追随了在社会学和教会论对教会的理解之间具有一个多学科反映的神学需要，莫尔特曼代表了天主教教会社会学研究的新教对手。

第三编
追索展示：莫尔特曼
希望神学的示范

　　在第一编中，正是苦难的经历，如奥斯威辛或广岛，对莫尔特曼的神学方法意义重大。第二编的历时性分析披露莫尔特曼的神学方法产生于他在比利时和苏格兰监狱中的生活处境。①他与马克思主义、天主教和犹太教之间的对话进一步磨锐了他的神学方法。"共时性"分析展示出四个基本主题，它们分别是辩证和解（辩证神学）、终末论神学（终末神学）、被钉十架的上帝（苦难神学）和革命转化（政治神学）。这四类构成了莫尔特曼希望神学的骨架。

　　这一编将试图以方法论的形式展示莫尔特曼如何运用这四个主题来组成他的神学基本教义。笔者将探讨莫尔特曼两方面的主要关注：第一个处理基督教神学内在意义的身份问题，即三位一体的教义；第二个处理基督教神学外在的相关性问题，即神义学教义。莫尔特曼断言："神学家、教会和基督徒的生活今日比以

---

　　①　莫尔特曼在二战结束时是一名囚犯，他在自传中说："1944年我上前线，1945年我被俘；我三年后，即1948年回国。在比利时和苏格兰的监狱里，我经历到过去认为确实的事情之崩溃和生活于基督教信仰所提供的新希望。"（莫尔特曼：《自传笔录》，第203页）

前面临更多双重的危机：相关适切性危机和意义身份性危机。这两个危机是互补的，神学和教会越是试图相关适切于今天的问题，他们就越深地被拖入自身基督教身份的危机。他们越多试图在传统教条中楷定他们的身份、权利和道德观念，他们就越变得不相关和不可相信，这个双重危机更准确地可被描述为身份—适切的两难。"①

　　首先将探讨身份的危机，即是联系于三位一体的十字架内在的意义，相关的危机将进一步联系于探索人类苦难的十字架外在的意义，即神义学问题。

---

① 莫尔特曼：《被钉十架的上帝》，第7页。

第六章　社群三一论

莫尔特曼的早期著作具有从一个焦点上察看神学的特征，全体的部分成为理解全部神学的焦点，方向是从特殊到普遍，从具体到抽象。当他进入神学发展的成熟阶段时，莫尔特曼开始撰写系统神学，他所指"全体的部分"成为"神学全体的贡献的部分"。他在特定教义上与其他系统神学家相互深切影响。他的任务是澄清论点和辩证，并形成一个清楚表明传统教义的辩证和解。他应用第一个方法论原则辩证和解（辩证神学），将被与三位一体的教义联系起来讨论。

第一节　社群三一论和辩证神学

辩证法被莫尔特曼视作介于西方拉丁三一论传统与东方东正教三一论传统之间。西方传统以三位一体内的同一原则为始点，而东方传统则关注三位一体内的三位统一原则。卡尔·巴特是西方拉丁三位一体传统的当今代表，他以肯定一个神圣本质为始点，而后进入神圣位格的教义来开展他的神学。东方三位一体传统如迦帕多西亚教父，以基督徒经验中独特的"位格"来引申上帝的教义。莫尔特曼说："在东方教会的神学中，发展出三位一体的王权教义：圣父在神性本身履行王权，因他是圣子和圣灵的无前因的前因，圣子和圣灵如圣父的双手。西方教会的神学发展出另一个王权的三位一体教义：神圣三位一体，在创造和救赎的'至外'（ad extra）运行中，总是不可分割的，并且是一个主体。结果，上帝只内向地以三位一体方式运作；外向地，上帝则以其神性来表现他的作为。"①

莫尔特曼试图设计一个三位一体的社群教义，并以辩证和解的方法来处理此问题。② 他说："为此，我们想在相反方向出击。我们将寻求提出上帝教义中特别有关基督的因素（如三位一体教义），不是从上帝外在王权（Herrschaft Gottes）的视点，而是从上帝内在群体（Gemeinschaft Gottes）的视点。"③

莫尔特曼用了三个步骤来进行这个西方和东方三位一体传统的辩证和解：首先，他以一个社群方向把三一论从简化的形态论中解放出来，并以关系的概念来重作位格的定义；第二，他复原了神圣"群居或寓居"（perichoresis）关系相连之观念，并以此来替代上帝本质上统一的观念。第三，他倡导所谓的"开放的三位一体"，于此他指神圣的生活是提供给世界一个相互开放和

---

① 莫尔特曼：《上帝中的人性》（*Humanity in God*，New York：The Pilgrim Press，1983），第94页。三位迦帕多西亚教父，加萨里亚的巴兹尔（Basil of Caesares，死于379年）、纳兹安泽斯的格里高利（Gregory of Nazianzus，死于389年）和尼西亚的格里高利（Gregory of Nyssa，死于394年），参与了三位一体争论，他们澄清了所用的术语和概念而作出积极贡献。巴兹尔宣称"ousia"和"hypostases"不是同义字。莫尔特曼的东西方传统的辩证概念实际上只有名无实，这将在下章里批判。

② 莫尔特曼：《三位一体与上帝之国》，（*The Trinity and the Kingdom of God：The Doctrine of God*，transl. Margaret Kohl，New York：Harper & Row，1981），第19页。威廉·希尔（William Hill）把莫尔特曼的三位一体主义连同潘能伯格的新经济三位一体主义一起归类。它不同于殉教游斯丁（Justin Martyr）、德尔图良（Tertullian）和伊勒纳乌斯（Iranaeus）考虑上帝只以经济功能成为三位一体的经典经济三位一体主义。更确切地说，上帝是自己三位一体而因此是历史进程的基础（威廉·希尔《三位格的上帝：作为救恩奥秘的三位一体》，William Hill，*The Three - Personed God：The Trinity as a Mystery of Salvation*，Washington：The Catholic University of America Press，1982，第149—184页）。

③ 约根·莫尔特曼和伊利萨白·莫尔特曼—温德尔：《上帝中的人性》（New York：Pilgrim Press，1983），第95页。

有吸引力的实在。莫尔特曼的方案是以社群三一论来针对三位形态论和三神论。

一　三位形态论和三神论

莫尔特曼的《三位一体与上帝之国》主要是同卡尔·巴特和卡尔·拉纳（Karl Rahner）的神学对话。他注意到巴特遵循拉丁三位一体传统，在《教会教义学》中用强调上帝的统一来开始讨论巴特的三一论。独一上帝对世界的绝对主权首先被肯定，之后巴特才进行讨论独一的主作为绝对主体如何在同时可为三。巴特等同上帝的主权为"早期教会的词汇称为上帝的本质（the deitas or divinitas, the divine ousia, essentia, natura, or substantia）"①。上帝的本质，即上帝的主权，"是作为神圣的本体，上帝的本体"，它是"上帝的神性"②。巴特使用三位为统一的形态来辨认在上帝内的多样性与统一性。他说："父、子和圣灵的名称意味着上帝是三重复述的独一上帝，以这样的一种方式，重复自身是建基于他的神性。所以它展示了在他神性中没有改变，而只有在这种重复中他是独一的上帝，所以他的独一神性正反都联于他是在这个重复中上帝的事实，故此，他是在每个重复中的独一上帝。"③

上帝是在一个三重方式上的上帝，不同"位格"在他们神性的联合实现中扮演不同角色。④他采纳了奥古斯丁位格的概念，将位格归纳到关系的层面。他相信"位格"的词汇比一个神圣本质更具应用性，那是，上帝可以只有一个神性，而这属于

---

① 巴特：《教会教义学》，I/1，第349页。
② 同上。
③ 同上书，第350页。
④ 同上书，第363—364页。

"上帝的独特本质，于此三位一体教义中不寻求增至三倍，而是承认它的纯一性"①。这样，人就不能用"三个'神圣朕的'，而是一个'神圣朕的'三次"来讲论上帝。②

对于巴特，在上帝中的关系是指上帝为上帝的"本体模式"。他是父乃是在子里的父性（paternitas）；作为子的本体包含在他的子性中（filiatio），作为灵的本体包含在他的"灵性"中（processio, spiratio passiva）。③上帝生存于这三个本体模式中，其借用"本体模式"（modus entitativus），而不是"位格"（Prosopon）。巴特希望避免三神论的概念，位格被现代观念化为一个意识和意志的所在中心。上帝主权的独一性只有认定上帝为单一意识和意志的一个中心才能得以保持。他说："所有上帝三个本体模式是一个上帝在他自己和关联于世界及人类……在上帝，因只有一个本质，所以只有一个意识，一个自我意识。"④

莫尔特曼力指"三位一体的教义不能只是建立在同样的事物三次而已"⑤。他声称当巴特从三个神圣位格转换到一个神圣主体时，这种"施予和接受的主体"论调使三位一体的位格就变得多余。位格被"降级"到一个相同主体的本体模式，莫尔特曼争辩道，这是一个"早期教会谴责的撒伯利乌三位形态论（Sabellius modalism）"⑥。尽管巴特的三位形态论为上帝"同时"是三个位格，而撒伯利乌的三位形态论是上帝"连续地"是父、子和圣灵，莫尔特曼的批判仍然成立。约翰·梅恩多夫（John Meyandorff）总结道："如果位格只是内部关联于上帝的本质，

① 巴特：《教会教义学》，I/1，第 350 页。
② 同上书，第 351 页。
③ 同上书，第 365 页。
④ 同上书，第 358 页。
⑤ 莫尔特曼，《三位一体与上帝之国》，第 141 页。
⑥ 同上书，第 139 页。

那么启示就不是'本质'的启示或只是'类比'性被造的符号而已……在上帝的本质里就没有真正的区分。"①

　　另一方面，莫尔特曼辩解在基督徒的经验中，上帝的三个位格是可区分的媒介，正如迦帕多西亚教父们所指，至终会导致三神论。东方的早期教会以圣经所显示的上帝为多重媒介作为他们神学反思的起点。迦帕多西亚教父经过多方辩论后，最终同意采用这个词汇来替代形态意味较重的"位格"（prosopon）。然而，"本质"（hypostasis）涵含着实质（subsistentia）的意思，此本质教义所遭遇的问题是"本质"，此词汇"具有特定的柏拉图和奥利金的关联，它通常意指实质（substantial）的区别"②。尝试忠于尼西亚信经，并保存圣经救恩经历中基督和圣灵的身份和位格的区别，他们意识到三位一体的"经历""永远不会进入哲学实在说（essentialism）的范畴"③。但是，他们采用的词汇确是在三位一体的位格间带有本质的和实在的区分，这是有嫌疑的三神论。

　　莫尔特曼同意迦帕多西亚教父神圣位格是确实可分别的，但神圣本质是绝对不可知的。他说："以圣经来看，主要问题不是三位一体而是上帝的统一性。我们不可能假设父、子和圣灵的统一，而从其他的知识来源求证。"④

　　他与犹太神学家拉匹德（Lapide）对话时，如此说："上帝的统一看来对我是最大的奥秘。"⑤他试图用社群性重新阐释三位

---

　　①　约翰·梅恩多夫：《拜占庭神学：历史趋势和教义主题》（John Meyendorff, *Byzantine Theology: Historical Trends and Doctrinal Themes*, New York: Fordham University Press, 1974）。

　　②　同上，第 181 页。

　　③　同上。

　　④　莫尔特曼，《三位一体与上帝之国》，第 160 页。

　　⑤　莫尔特曼：《犹太教一神主义和基督教三位一体主义的教义》，第 64 页。

一体的教义，既保留上帝位格的区分，亦维持上帝本质的统一。此重新阐释的方向是从形态论（将三位一体减退到形态的三个表现）转移到以社群来说明三位一体的关系。

二　位格和关系

莫尔特曼指出位格的争辩可能源于剧院的用词，并带有一个形态的理解。① Persona 意指面具，一个演员可以选择把一个面具替换另一个。位格就因此相当于角色的社会学概念。形态论分解神圣位格为角色或功能，并申述"一个上帝以三种模式出现"②。在希腊神学中，"本质"（hypostasis）是用来表达具体独特的本体。莫尔特曼认为拉丁神学引进此字的含义基本上改变了位格的概念。位格不再指可相互变换的面具和社会角色，而是指不可转换的、独特的、个别的具体存有。

这样 hypostasis 就指一个特定本质的个别存在……在任何特殊情况下都不可相互变换的也不可转换的个别存在。③上帝是作为父、子和圣灵具体存在的上帝，他们的不可相互变换的身份不允许他们分解进入一个关系的概念中。莫尔特曼评论"位格"和"关系"时说："他们彼此相属，他们是社群关系中的位格。只有在与子的关系中父被称为父；只有在与父的关系中子被称为子，圣灵是说话那位的呼吸……三个神圣位格的存有。因此，在他们不可互换的'位格存在'（personal being，希腊文 Personein）中彼此相属，且相应，并由他们彼此相属相应的关系中确立。'存在的位格'（being－a－person，希腊文 Personsein）意味着'存在于关系中'。这个位格的关系性理解为奥古斯丁所详细阐

①　莫尔特曼：《三位一体与上帝之国》，第 171 页。
②　莫尔特曼：《上帝中的人性》，第 97 页。
③　莫尔特曼：《三位一体和上帝之国》，第 171 页。

述。然而，如果有人只是简单地以'关系'代替'位格'，它就可能会进入形态论的故病复发。不再是三个位格而是上帝中的三个关系——父辈、子辈和灵辈，那么位格和关系就是同等原始的。"①

位格和关系是同时产生的互补概念。一个不在另一个之前，一个也不使另一个多余。莫尔特曼坚持以父性概念的方式思想圣父上帝，另外位格也以相似方式，是回复到三一论的抽象理解，或最终导致独神论。位格和关系必须以相应关系来理解。"社群位格主义"和"位格社群主义"必须被整合进社群三位一体教义中。②莫尔特曼的综合是他所倡导的"寓居"（perichoresis）概念，神性的三个位格在群体中的关系。梅森（Mason）结合莫尔特曼的辩证和解，总结道："莫尔特曼试图航行一个新航道来寻求避免在西方和东正教教义中的错误倾向。"作为奥古斯丁传统在西方的继承者，卡尔·巴特称呼神圣位格为"存在的形态"，把位格减缩为关系。奥托·韦伯（Otto Weber）追随巴特的脚踪，将上帝中的位格定义为一个"具体和真实存在的上帝和他自己的关系。"这样，三个身份被缩减为一个自我身份，上帝只是三次复述他自己。巴特认同奥古斯丁，仅将上帝作为独一位格的存在更有意义。不仅三位一体的位格观念融化于这个观点，而且正如莫尔特曼指出的，位格交互关联的关系也被废除了，它成

---

① 莫尔特曼：《上帝中的人性》，第97页。

② 同上书，第106页；参考乔治·小梅森《信实的上帝自由：约根·莫尔特曼社群三一论批判》（George A. Mason, Jr., *God's Freedom as Faithfulness : A Critique of Jurgen Moltmann's Social Trinitarianism*，博士论文，西南浸信会神学院，1987）。这篇论文比较了莫尔特曼的社群三一论和巴特的三位一体主义。近期有人比较莫尔特曼社群三一论与拉纳的人类三位一体主义，见安·金《在三位一体神学中的"位格"和"主体"问题：莫尔特曼对拉纳（Rahner）的挑战及其涵义》（Anne H. King, *The Question of "Person" and "Subject" in Trinitarian Theology*，博士论文，Fordham University，1987）。

为只是一个自我的关系。

在东正教一边，莫尔特曼主张有一个"关系只是表明位格"的倾向，但那"只是在他们自己预设位格的构造，而没有他们的关系"。关系只显示他们是哪一个位格的区别，关系不说明位格的联合或团契。除非有一个在位格间更根本的联系，三神论就难以避免了。莫尔特曼声称位格和关系是"有机性关联的"，那就是，他们"同时并一起升起"①。

第二节　社群三一论和终末论神学

莫尔特曼将这位格和关系的概念延伸到历史的场景中，他并不是以普通抽象的概念来讨论。具体地，在历史的相遇中，"位格并不仅仅'存在'于他们的关系中；他们也基于自我顺服的爱而彼此成全"②。真正有位格的存在是一个社群的存在（perichoresis），如一个在社区中的历史人物。

一　历史与群集

莫尔特曼没有寻求在单一性的最终统一，而是建议包含多样性的统一，他说："三一上帝的统一是其独特的神圣群体……父和子和圣灵的统一是基于他们的神格群体，而不是在一个共同神圣实质中或是在独一、绝对、神圣主体的身份中。"③

这在理解莫尔特曼神圣统一的概念中很重要。根据莫尔特曼的看法，三位格上帝的神圣统一不依靠神圣本质或实质，而是位格的相互关系。这一概念即莫尔特曼所称神圣"群集"或译作

①　梅森，op. cit.，123。
②　莫尔特曼：《三位一体与上帝之国》，第 174 页。
③　莫尔特曼：《上帝中的人性》，第 88 页。

"寓居"（perichoresis），神圣群集被神圣位格自己的相互关系（即三位格的独特统一）所塑造。①

　　莫尔特曼声称这个神圣群集的教义能够表达位格的相互内在和完全统一，而不会分解他们的独特个体性。在神圣群集中（perichoresis），神圣位格和神圣关系两者得以统一起来。"神圣群集"的统一避免了将一位神性转移到三位的三神论之趋向，亦同时避免了将三位格压缩到一位的形态论的趋向。对于莫尔特曼，它确定了完美的神性位格的"相互和互惠的爱"②。他建议这个神圣群集教义是介于一个母系文化的地球母亲为主的泛神论和一神天上父系文化的概念之间的一个辩证和解。上帝的社群三位一体理解指向一个超越母系和父系的弥赛亚，终末未来没有统治和臣服，一个只有彼此联谊团契的未来。③

二　上帝的历史

　　在另一个位格相映观照而对位格产生的历史意识，此观点打破了"静止的、严格质量的"自我定义。它为莫尔特曼提供了一个方法来重新引进对三一论概念化历史的、终末范畴的神学。上帝是一个活着的上帝，即在本体上帝作为父、子和圣灵的动态事件中，能经历改变和成长。谈论上帝的感情、自我约束、痛苦、喜乐、幸福和最后的荣耀，都提出了一个真实历史的上帝。上帝的三位一体历史是上帝在他自身和在世界经验的叙述，它同时发生，如耶稣的历史所展示的。上帝是自由的，能够改变和成长的上帝。所谓上帝的约束，指的只是被他完全的忠实所限制。他总是在作为父、子和圣灵的极爱范围内行动

---

①　莫尔特曼：《上帝中的人性》，第98页。
②　莫尔特曼：《三位一体与上帝之国》，第175页。
③　莫尔特曼：《上帝中的人性》，第89页。

和改变。①

　　这个爱被表明在被钉十架的上帝中，它是理解莫尔特曼三位一体教义的关键。②莫尔特曼说介于上帝在他自身里面和上帝在历史之间有一个真实的相互作用。他断言十字架事件组成了三位一体的认识。③他说，"如果有人描述上帝的内在三位一体生命为'上帝的历史'（黑格尔），那么这个上帝的历史就包含在其自身里面上帝的弃绝、绝对的死亡及非上帝的整个深渊"④。莫尔斯（Morse）指出："莫尔特曼寻求避免割裂启示事件的历史性之指控，而越来越多地趋向于基督历史是上帝自己内在生命的黑格尔概念。"⑤

　　三位一体"不是天堂中的自我涵盖的群体，而是来源于基督十架对地球上人类开放的一个终末过程"⑥。威廉·希尔（William Hill）将莫尔特曼的三位一体论界定为新经济三一论：

---

　　①　这个成长和发展的上帝概念类似于怀特海的上帝"consequent nature"。时空世界从它的流向的多重本质进入永恒上帝的统一。上帝"以吸收世界的多样性努力"而实现了他的目的［Alfred North Whitehead, *Proces and Reality*（《过程与实在》），第 349 页］。它也可比较于特哈德·查丁（Teihard de Chardin）的"Omega Point"，不断成长和超人位格的未来宇宙，或所谓宇宙的基督［Teihard de Chardin, *The Phenomenon of Man*（《人的现象》），New York：Harper & Row, 1959, 第 254—272 页］。对历程神学和希望神学关于上帝教义的比较研究，参考约翰·唐纳尔《三位一体和暂时：根据过程神学和希望神学的上帝的基督教义》（John S. O'Donnel, *Trinity and Temporality：The Christian Doctrine of God in the Light of Process Theology*, Oxford：Oxford University Press, 1983）。
　　②　莫尔特曼：《被钉十架的上帝》，*Interpretation*, 26（1972），第 294 页。
　　③　同上书，第 244 页。
　　④　同上书，第 246 页。
　　⑤　莫尔斯：《应许的逻辑》，第 118 页。
　　⑥　莫尔特曼：《被钉十架的上帝》，第 249 页。

上帝在他的最神圣里面是内在历史性的。[①]

第三节　社群三一论和苦难神学

一　拉纳（Rahner）的"经济三一论"和"无情神学"

被钉上帝的悲情，对于莫尔特曼而言，是历史性三位一体的最深核心。他曾在《三位一体与上帝之国》中参与互动和回应拉纳（Rahner）的"绝对主体性"，当时他比较自己的社群三一论和拉纳的经济三一论。拉纳的经济三一论的中心段落可见于《三位一体》："上帝的三个自我相通是上帝以三重相应途径的三个自我相通的上帝。"德文是："Das aber heist wieder：Diese drei Selbstmitteilungen sind dei Selbsmitteilung des einen Gottes in der dreifach relativen Weise，in der Gott subsistiert."[②]这一句话表述了神性的三位性和统一性。拉纳用"三个自我相通"和"三重相应途径"来代替"位格"。内在和经济三一论可以联合在上帝的自我相通的存在和相通到一个被选的对象。他写道："神圣自我相通发生在统一的、历史的（真理的）区别和（爱的）精

---

①　威廉·希尔：《三位格上帝：作为一个救恩奥秘的三位一体》（William Hill，*The Three – Personed God：The Trinity as a Mystery of Salvation*，Washington：The Catholic University of America Press，1982），第166—178页。

②　卡尔·拉纳（Karl Rahner）：*Mysterium Salutis：Grundriss heilsgeschichtlicher Dagmatik 2*，Chapter 5："Der dreifaltige Gott als tranzendentaler Ugrund der Heilsgeschichte"（Cologne：Benziger Verlag，1969），第96页。英译：约瑟夫·唐西儿：《三位一体》（Joseph Donceel，*The Trinity*，New York：Herder and Herder，1970）。参考安·金《三位一体神学中的"位格"和"主体"的问题：莫尔特曼对拉纳的挑战及其暗示》（Anne King，"The Question of 'Person' and 'Subject' in Trinitarian Theology：Moltmann's Challenge to Rahner and its Implications"，New York：Fordham University，1987）。

神中。"① "当上帝在自我相通中自由地走出他自己……正是也必须是圣子在历史中以肉身显为人，正是也必须是圣灵在信、望、爱中的自我相通，如此圣灵与世界接连（创造）。"②

这样三位一体被拉纳理解为"被给予、给予的三个具体道路"的一个管治，其次为"一个上帝存在的三条相应具体道路"的内在。③上帝存在于被给予的三条道路上，并在三条道路上被认识。这些道路是神性本身，存在的基本道路和我们所能感知的。对于拉纳，神圣"位格"不是一个分裂的意识，因为它本能强调神性的统一。有一个自我意识的上帝，被拉纳称为"主体"或"主体性"。主体不能在上帝中增加，一个主体是自我意识，它只能被用于上帝的本质。此主体性适合于神性的统一，它也被称为神圣属性或本质。④

拉纳的经济三一论是奠基于他的神学人类学的方法论原则。然而，莫尔特曼从个人基督教神学的狭义概念转移到社会政治的视野。他在人类社会的苦难里看到了拉纳所提倡在上帝神秘的先验中的位格，本质是相同的。但是拉纳的三位一体概念，在莫尔特曼那里，排除了上帝中三位格的一个动态理解。上帝只是成为

---

① 卡尔·拉纳（Karl Rahner）：*Mysterium Salutis*：*Grundriss heilsgeschichtlicher Dagmatik 2*，Chapter 5："Der dreifaltige Gott als tranzendentaler Ugrund der Heilsgeschichte"（Cologne：Benziger Verlag，1969），第 98 页。英译：约瑟夫·唐西儿：《三位一体》（Joseph Donceel，*The Trinity*，New York：Herder and Herder，1970）。参考安·金《三位一体神学中的"位格"和"主体"的问题：莫尔特曼对拉纳的挑战及其暗示》（Anne King，"The Question of 'Person' and 'Subject' in Trinitarian Theology：Moltmann's Challenge to Rahner and its Implications"，New York：Fordham University，1987）。

② 同上书，第 86 页。

③ 同上书，第 73 页。

④ 同上书，第 75 页。拉纳争论上帝中的三个"位格"并不意味着在上帝中有"三个积极'主体'"。根据拉纳，主体的增殖将导致三神论。

"绝对主体的上帝",①它紧密联系于亚里士多德"至高实体上帝"的概念。莫尔特曼称这种类型的一神论为三位一体的监禁,它使上帝的神性成为渗透太多希腊形而上学和启蒙哲学的一个抽象概念。这样,"绝对主体的上帝"对上帝在基督的受难里不够认真,并让神性的位格分别进入了一个神圣主体性的形态里。②拉纳的临在和经济三一论将引向无悲情神学,在此上帝与世界的苦难将无关紧要。

二　莫尔特曼的社群三一论和苦难神学

　　另一方面,莫尔特曼建立他的社群三一论在被钉十架上帝的方法论原则上,并以基督的受难为基础。作为终末论的神学要求,被钉十架的基督成为历史的中心点,它宣告了终末的未来,在此上帝的至深本质将被发现。③莫尔特曼在他的社群三一论教义和十字架神学的相互依赖里,运用经典逻辑将物质的和形式的原则辨识出来。他说,"三位一体的物质原则是基督的十字架,十字架知识的形式原则是三位一体的教义。"④ 子的苦难也是父的苦难,并不仅是耶稣独自被父"交出"去死,而且也是子"递交"他自己给父。⑤莫尔特曼断言:"神学上而言,慎重地注意到保罗的公式(paradidonai)同时作为主体发生于父和子,父的意志和子在十架事件中的意志的协调……这个在耶稣和他的父

---

①　莫尔特曼:《三位一体与上帝之国》,第13—15页。
②　同上书,第21页;莫尔特曼认为拉纳的经济三一论相似于巴特的绝对主体性。对于巴特,上帝的主权＝他的本质＝他的神性＝他的位格性＝他的主体性(同上书,第141页)。根据莫尔特曼,这个绝对主体性的概念是形态论的一种形式(同上书,第145页)。
③　同上书,第156页。
④　同上书,第24页。
⑤　同上书,第244页。

上帝之间深层性的意志关系，在他们最深切分离的那点中，在耶稣于十架的被上帝所弃绝受咒诅死亡。"①

　　莫尔特曼声称，作为在终末论神学中理解的他的社群三一论，是巴特"君主"形式和"圣餐"三位一体形式的一个辩证和解。三位一体的君主形式规定所有神圣行动都出自父，经历子，并在圣灵里到达它的终点。这个三位一体的形式被相反于君主形式的圣餐形式所补充，即它开始于圣灵，经历子并到父。②莫尔特曼超越这两种形式，并在他的"荣耀颂"三位一体里，把它们辩证统一起来。它强调了三位一体管治和内在形式的相互和反溯作用。③理解为终末论的目标，荣耀颂三位一体被莫尔特曼看作"每件事物的起源，因结束揭示了目的和开始"。救恩历史的经验向前驶入它的终点，在此上帝的赞颂在他自己里面将会被面对面地呈现出来。君主的和圣餐的形式将不会终止，而会终末地在上帝"一切的一切"时，到达荣耀的顶峰。④它们将在社群三一论的概念里被辩证统一。

第四节　社群三一论和政治神学

一　君主三一论（Monarchicalism）

　　莫尔特曼想从面对奥斯威辛和广岛灾难时，仍坚持信奉上

---

　　① 莫尔特曼：《三位一体与上帝之国》，第 244 页；莫尔特曼认为，拉纳的经济三一论相似于巴特的绝对主体性。对于巴特，上帝的主权＝他的本质＝他的神性＝他的位格性＝他的主体性（同上书，第 141 页）。根据莫尔特曼，这个绝对主体性的概念是形态论的一种形式（同上书，第 145 书）。

　　② 莫尔特曼：《圣灵的团体——三位一体圣灵学》，《苏格兰神学杂志》（"The Fellowship of the Holy Spirit—Trinitarian Pneumatology", *Scottish Journal of Theology* 37. 3，1984），第 298—300 页。

　　③ 同上书，第 298—300 页；《三位一体与上帝之国》，第 151—154 页。

　　④ 莫尔特曼：《被钉十架的上帝》，第 264—265 页。

帝；他要由此角度所遭遇的困难来探究三位一体的教义。他同时定义基督教为三位一体一神论和一神论三位一体观，这个基督教的理解与其他一神论的形式截然不同。莫尔特曼指出，一神论的君王和等级观念为所有压迫的历史根源。[①]一个君主结构有一个上帝，一部法律，一个世界，一个君王，一个意志和一个王国。这个一神论的形式是一个亚里士多德形而上学的"一"，不可改变的、统治宇宙的神圣本体的政治延伸。[②]政治君主主义，如拜占庭神权帝国和欧洲专制主义是这种一神主义形式的逻辑结果，它也在现代表示自己为种族主义、性别歧视和家长主义，这个观念可以转移焦点到一个社群化的一神论概念来克服，这样，莫尔特曼提出社群三一论的建议。

二　社群化

代替一个上帝为君主的类比，莫尔特曼建议一个建筑在家庭形象上的三位一体社群类比。他写道："核心家庭的社群类比将其亮光投射回三位一体的教义上。如果男人、女人和孩子是上帝在地上的形象，那么永恒的父性、永恒的母性和永恒的子性就在三一上帝里再度被发现。人们发现圣灵的母性，如智慧（chok-ma）、灵风（ruach，根据希伯来的起源）的本性是阴性。在犹太秘教传统（Kabbalistic）里灵风被评为神性中的'阴性原则'。"[③]

他声称："三位一体的基督教义中的这个深层关系可引向对人格的'社会属性'（Sozialitat）的一个理解。上帝若以此三位

---

①　莫尔特曼的三位一体的社会—政治分析发现于《上帝中的人性》，这是与他的妻子女权主义神学家伊丽莎白·莫尔特曼—温德尔合著的，相关章节见《三位一体的社会理解》（第99—106页）。

②　同上书，第92页。

③　同上书，第101页。

一体来理解，而不是以有神论来理解，那么西方欧洲的个人主义就可以避免。"①

　　这个对三位一体论的社会—政治取向的主题将在下一章有关神义论问题时再引申讨论。莫尔特曼在他的四个方法论原则的基础上设计他的社群三位一体的教义。辩证和解（辩证神学）提供了推动力，终末神学贡献了方向，苦难神学供应了内容，而政治神学是社群三一论的结果。三位一体教义处理的是基督教信仰的内在意义，它是身份的问题，它展示给现代世人有关基督教信仰所有的一切。然而，它需要与现代世界适切地关联，这正是相关性的适切问题——神义学。

第七章　神义学

　　莫尔特曼相信可以在上帝悲情中得到相关适切问题的回答，上帝悲情亦是由三位一体社群概念所引申出来的。他声明"人类苦难是大多数宗教的中心问题"。①苦难是所有人民的普遍观察及体会，而按照人类苦难来辩护上帝的公义之神义学，并不是玄思神学里的三段论式的推理。对于莫尔特曼而言，它是一个通向基督实践的召唤，它并不是流于空洞的人类经验。后奥斯威辛神学并不是过去的教条神学，而是面向未来的实践神学。真正的神学必须是一种解放力量。他对四个方法论原则（辩证神学、终末神学、苦难神学和政治神学）的一贯应用将与神义学的问题联系来进行检验。

第一节　神义学和辩证神学

一　无神论和有神论

　　莫尔特曼在图宾根大学的同事艾贝哈德·约格尔（Ebehard Jungel）写下了他重要的著作《作为世界奥秘的上帝》，并把副标题写为"在被钉十架那位的基础上关于有神论和无神论的争

---

　　① 莫尔特曼：《圣灵能力中的教会》，第161页。

论"。①约格尔与莫尔特曼一起面对无神论对经典有神论的批判。
他的论题是形上学的上帝已在无神论攻击下死亡了，但是圣经的
上帝作为世界的奥秘却仍旧活着。在某一个层面上，莫尔特曼也
在神义学的框架内挣扎于无神论和有神论之间的矛盾问题。莫尔
特曼的神义学包括关于上帝苦难的两个声明：（1）它避免无神
论和有神论的张力，（2）它提供了基督教神义学的一个基础。

莫尔特曼肯定地拒绝"无视人类苦难的全能、完美和无限
的上帝不会是十架耶稣大爱的上帝"。②对于莫尔特曼，经典有神
论的上帝是一个不会受苦和死亡的上帝，所以，他没有能力把受
苦众生置于他的保护之下。这个上帝的概念完全是一个"哲学
的和政治的一神主义"，它必须按照十架神学从基督教神学予以
批判和废除。③进一步而言，这个上帝的概念毁损人类的尊严价
值。他说："有神论无视人的悲情，只认为上帝是全能的、完美
的和无限的本体，结果是人类以一个无助的、不完美的和有限的
存在出现在这里。"④若持有这个观点，人类就否定了一大部分
人受苦的境况，并且要为此负上重大的责任；而基督徒也会出现
对邻舍的需要视若无睹的可悲情况。对一个淹没在苦难和不义甚
至核弹毁灭威胁的洪流中的人，经典有神论回应说，上帝仍然是
全能的，并且是掌控的，人所能做的只是等待上帝来行动。这对
莫尔特曼来说是不能容忍的，就在这一点上，无神论的声音清晰
响亮地反映了出来。

———————

① 艾贝哈德·约格尔：《作为世界奥秘的上帝：在被钉十架那位的基础上关于
有神论和无神论的争论》（Eberhard Jungel, *God as the Mystery of the World: One Founda-
tion of the Theology of the Crucified One in the Dispute between Theism and Atheism*, trans.
Darrel L. Guder, Grand Rapids: William B. Eerdmans Publishing Co., 1983）。
② 莫尔特曼：《被钉十架的上帝》，第250页。
③ 同上书，第215—216页。
④ 同上书，第249页。

　　根据莫尔特曼，形上学无神论否定上帝的存在，因为伤痛、苦难和不公正的证据驳倒了一个完美和全能上帝的存在。他写道："形而上无神论把世界看作神的一面镜子，但邪恶和苦难在一个破碎的镜子里，没有原因、没有胜利的不公和荒谬的世界里，它没有看见一个上帝的面容，而只有荒谬和虚无的狰狞。无神论也从有限世界的存在得出了一个结论，作为它推理的原因和命运，但在那里它没能找到良善和公义的上帝，而是一个反复无常的魔鬼，一个瞎眼的命运，一个诅咒的法律，或一个毁灭的虚无……这样，在世界里信奉魔鬼比上帝的信仰似乎有理得多。"①

　　经典有神论以人性为代价去构想上帝，无神论却以相反的流向，将上帝作为代价来思考人类。人武断地否定神，上帝被废黜而他的位置被人类僭夺，其结果是"人类神化论"。然而，莫尔特曼把另一种无神论分类为渴望公义和审判的反抗无神论，追随陀思妥耶夫斯基（Dostoevsky）和卡谬（Camus），莫尔特曼认为这一类无神论为"形而上反抗"。② 引用陀思妥耶夫斯基的《魔鬼》，莫尔特曼写道："一个不能受苦的上帝比任何人都低劣。因为一个没能力受苦的上帝只是一个不能被关联的存在，受苦和不公正没有影响他，并且因为他是如此的完全无动于衷，他不能被任何事影响或震撼，他不能哭泣，因为他没有眼泪。但一个不能受苦的也不能爱，所以他是一个无爱的本体。亚里士多德的上帝不能爱；他只能依靠他的完全和美丽被所有非神圣存在爱，并以这种方式吸引他们。'不感动的感动者'是一个'无爱的被爱者'……如果他在他里面杀死所有爱，他就不再受苦了，他成为冷漠，但在那种情况他还是一个上帝吗？他难道不是一块石头

---

①　莫尔特曼：《被钉十架的上帝》，第 219—220 页。

②　同上书，第 221、252 页。

吗?"①

　　莫尔特曼辩证和解的方法论原则务要求一个第三种的可能性,既能蕴含这两种观点,并以一个创造性综合把它们保持在辩证张力中。他描述反抗无神论的现象是"为上帝原因的无神论",因为它对上帝公义的关注而在这个苦难里向上帝大声呼喊,正如垂死中基督的死亡呼喊般回响着。②这样,莫尔特曼的辩证方案就是一个基于上帝在十架上受苦的神学,即苦难神学。正是介于这两种有神论和无神论的两极中,当代的神学才能发现它的相关适切性。

二　宇宙论和人类学

　　莫尔特曼观察到,在宇宙论和人类学之间不存在真正的替换……神义论问题和身份问题如同一硬币的两面。③"莫尔特曼辩证和解的方法论原则声明'一物唯有当它包含对立在自身矛盾时,才是存活的',并具有'在自身矛盾中把握对立和保持它的能力'。"④他试图以张力、对抗和综合来统一这两种途径。⑤默茨(Metz)也在相似的前提下研究,他于1968年春季在美国讲学,

---

　　①　莫尔特曼:《被钉十架的上帝》,第252页。

　　②　同上。

　　③　莫尔特曼:《希望和历史》,《今日神学》("Hope and History"),*Theology Today* 25,1968—1969,第375页。

　　④　莫尔特曼的引用摘自沃尔特·卡普斯《时代侵入教堂:希望学派的张力》(Walter J. Capps, *Time Invades the Cathedral: Tensions in the School of Hope*, Philadelphia: Fortress Press, 1972),第106页。

　　⑤　莫尔特曼讨论这个辩证和解的过程于他的《希望和计划》(*Hope and Planning*, New York: Harper & Row, 1971),第5—16页。他从宇宙论查证方案,经过人类学查证方案和本体神学方案,最后到查证的终末论方案。

并在《希望的未来》一书中发表"政治神学光照下的宗教与社会"。①他认为，中世纪的方法论为基本的宇宙中心主义，它源自形而上学思考和宇宙论的展望。启蒙运动完成了从宇宙中心主义到人文中心主义的方法论转向。宗教渴望被转为内向，信仰被私人化，而福音只关注个人领域。默茨写道："神学家们极力强调慈善和所有属于人际关系范围的。尽管，开始时似乎没有问题，他们把慈善理解为一个没有政治相关性的私人品德。"②

莫尔特曼和默茨所建议的辩证综合是一个社会批判方法论，它按照一个期望的终末论现实来审判社会—政治的情况。它仍然是人类学中心，但以政治和革命为神学领域的一个社会—现象学途径进行非个人化和重新阐释的神学途径。这一途径不同于传统宇宙论和人类学途径，在此它强调此世界，而非彼世界；团体，而非个人；变化，而非永恒；固有，而非超越；行动，而非理论；实践，而非原则。对于莫尔特曼，系统化是横向的，而不是纵向的，这一横向神学成长于一个压迫的环境，它属于被藐视、忽略、忘却、剥削、压迫和罢免的人民，它是被压迫人民的神学，它是向前的、启示性的和试验性的。卡普斯（Capps）精湛地总结道："它建立于横向而不是纵向系统上，它在永久之上选择时间和变化作为标准，寻求行动而不是理论。当它说到拯救，它用的是合作的社会词汇术语，而不是个别的私人词汇术语。当它寻找现实的基本东西，它在历史事件里发现了相同的而不是在本体论领域内。当它对时间做参考时，它采用一个对未来的观点，而不是给予现在和过去突出的强调。它没有在任何传统方式

---

① 默茨：《政治神学光照下的宗教与社会》，《希望的未来》（Metz, "Religion and Society in Light of a Political Theology", *The Future of Hope*, Philadelphia: Fortress Press, 1970），第136—154页。

② 同上书，第138—139页。也参考伊丽莎白·麦卡锡《当前个人主义的社会学观点》（提交宗教和社会研究学院的论文，1979）。

内依靠先例，而是想把真理通过实验来揭示。相对超越而言，它给予临在更多分量，它应用的是赫拉克利特（Heraclitus），而不是巴门尼德（Parmenides）作为它的哲学之父。从开始到结束它争辩人类经验重于检验原则，生活是活于……神学导向的这些大型的、压倒性的转化里……它几乎是一个重点的全部改变。"①

第二节　神义学和终末论神学

一　目的论和终末论

莫尔特曼试图以终末论，而不是目的论来解决神义学的问题。目的论意味着它根据未来解释过去和现在。相关于神义学，目的论之解决方案比较强调上帝指导世界的最后目标，而比较少关注上帝的创造和救赎行动的最终结果。因此，目的论所关注的焦点是集中在结局，而不是现在的参与和转化。另一方面，终末论不是集中在一个未来的历史，而是历史的未来。

对于莫尔特曼，十字架是一个历史事件，而复活是个终末事件。莫尔特曼写道："从首先到最后，而不仅在尾声，基督教是终末论，是希望，前视和前进的，所以也是革命性和转化现在的。终末论不仅是基督教的一个因素，而且是基督教信仰的媒

---

①　亚瑟·洛夫乔尔追踪此世界而不是柏拉图彼世界的本体概念，集中论述体现在他的著作《本体的大链：一个思想的历史研究》（Arthur Lovejoy, *The Great Chain of Being: A Study of the History of an Idea*, Massachusetts: Harvard University Press, 1936）中。他的主要论点是本体链在西方思想历史中的短暂性。他开始于柏拉图（更确切地是引用怀特海，即西方哲学传统是一系列对柏拉图的注脚），结束于怀特海的上帝的短暂时间性。上帝的"原始本质"（Primordial nature）是他的潜力，而他的"结果本质"（Consequent nature）是他的实现的实际实体，即世界。这样，重点是此世界，而不是彼世界。莫尔特曼落入这个本体的短暂时间性的巨大转化，而其强调的是此世界性，第131页。

介，在它里面每件事物设置的关键。"①

他认为现在是"历史的伤痛和力量"，它是处于上帝存在和尚未存在之间的辩证，这个历史的力量以革命和转化推动现在。②

二　末后和最后

一个神义学的终末论方案会置设更多信心于上帝的末后行动上，即基督的十架，而不会减弱所有事物的最后完满。如第一章所提，莫尔特曼深深卷入特洛尔奇和朋霍费尔神学的社会论分析。直接来讲，他们断言基督教应该根植于末后和最后，末后是人类的社会和伦理关注，它的功能是按照最后的目标来定。斯科特（Scott）评论道："这个重点想保证人对上帝护理关顾的完全信心，并且不需要拖延到最终来解决；在此间歇期，人不必要被动地接受现今不可忍受的情况。"③

对于莫尔特曼，最后希望能够将人类从避世及傲世的境况中释放出来。最后，人的最终人性化必须"起来反抗这里人的非人性"。④末后的参与是引进最后的途径，它是爱的创造性想象的来源，总是寻求和发现克服人性负面的新的和更好的方法。在《希望的现实主义》一文中，莫尔特曼争辩说，基督徒能接受现在的苦难是因为基督十架的希望，并能寻找现今的转化是因为在

---

① 莫尔特曼：《被钉十架的上帝》，第204页。
② 莫尔特曼：《宗教、革命和未来》，第376页。
③ 马克·阿伦·斯科特：《神义学：卡尔·巴特、大卫·格里芬和约根·莫尔特曼思想内的失败和承诺》（Mark Alan Scott, *Theodicy: Failure and Promise Within the Thought of Karl Barth, David Griffin, and Jurgen Moltmann*, 博士论文，西南浸信会神学院，1987），第181页。
④ 莫尔特曼：《宗教、革命和未来》，第170页。

新创造中的末后希望。①

第三节　神义学和苦难神学

一　社会现象学分析

莫尔特曼的终末论神义学是临在目的论和超越末世论之间的一个辩证和解。这贯穿于他的方法论原则，也保持着张力中的统一。当内在张力被掌控时，和解就有了结果。如果张力没有被保持平衡，那么对立和冲突就不可避免。莫尔特曼的方法论出发点是"人类本质和世界的终末提问性"。②它是人类苦难的社会现象学分析。

对比他和托马斯对神义学问题的建议时；他说："托马斯的问题：An Deus sit?（上帝是否是？）是在对自然和它的罪恶的解释基础上，而且他在宇宙论证明上帝的基础上反对无神论的争辩。我们的问题：An Dues sit? 是在历史和罪恶的基础上，必须挣扎于历史知识和政治行动中的上帝的问题。"③

如前面所讨论的，奥斯威辛是莫尔特曼希望神学的出发点，而结果人不难发现莫尔特曼经常性引用威瑟（Wiesel）被监禁的奥斯威辛所见闻的处决故事。有一个与莫尔特曼社会现象学神义学有关的记录值得一提。威瑟谈到有两个男人和一个青年人被纳粹党卫军吊在死亡营中，两个男人迅速死了，但青年人，因体轻，在套索里挣扎了大半个小时。回应一个从他后面出来的声音"现在上帝在哪里？"威瑟回答，"我听到我里面的一个声音回答

---

① 莫尔特曼：《希望的现实主义》，《协和神学月刊》（"The Realism of Hope"，*Concordia Theological Monthly*，40，1969.3），第149—154页。

② 莫尔特曼：《希望神学》，第94页。

③ 莫尔特曼：《宗教、革命和未来》，第373页。

他：'祂在哪里？'祂就在这里——祂在这座绞架上被绞的人中。"①

莫尔特曼也引用陀思妥耶夫斯基的《卡拉马佐夫兄弟》，其中伊万（Ivan）告诉他兄弟埃尔奥萨（Alyosha）这个世界的所有苦难，特别是小孩子的受苦，不值得未来祝福的应许，它们也不能被解释为一个没看见也没完成的最终和谐的一个必要部分。在一个反对要求孩子受苦的最后和谐里，伊万归还了去上帝天堂的入门券，"不是我不接受上帝，埃尔奥萨，我不过最尊敬地还给他门票。"②在这两段情节里，莫尔特曼想象人性已经堕入它自己制造的深渊，即道德罪恶。他总结道："现代人的问题不再是他如何与神灵和鬼魔生活，而是他能否在炸弹、革命和自然平衡的破坏里生存……他的主要问题不再是他与所有其他造物一同经历的普遍性局限，而是他在自己世界里的人性局限。"③

二 "神无论"（godlessness）和"神弃论"（godforsakenness）
人性的困境在于造成非人性化和压迫者的无神处境里。这个

---

① 伊莱·威瑟：《黑夜/黎明/白昼》（Elie Wiesel, *Night/ Dawn/ Day*, New York: Jason Aronson, Inc. , 1985），第71页。莫尔特曼在《被钉十架的上帝》里引用这一记录，第273—274页。他就普遍的人类苦难而言，写下这个记录："所有其他回答会是亵渎，对这个折磨的问题不会有任何其他基督教的回答了。这里说到一个不能受苦的上帝将让上帝变成一个魔鬼，这里说到一个绝对的上帝将使上帝变成一个毁灭的虚无，这里说到一个不关心的上帝将诅咒人类进入漠不关心。"

② 陀思妥耶夫斯基：《卡拉马佐夫兄弟》（Fyodor Dostoevsky, *The Brothers Karamazov*, G. Garnett, New York: Grosset & Dunlap, 1900），第269页。莫尔特曼在《被钉十架的上帝》里引用陀思妥耶夫斯基的话（第220—221页），并说："这样正如世界所真实构成的，在魔鬼里的信仰比上帝里的信仰更似是而非。世界战争的地狱，奥斯威辛的地狱，广岛和越南，让一个人对另一个人说'你让我的生活成为地狱'的每天经历，经常暗示作为一个整体的世界应被思想为一个'死亡的屋子'，而不是一个公义上帝的高尚天堂之下的美好地球。"

③ 莫尔特曼：《被钉十架的上帝》，第92页。

人类本质的社会现象学分析导致莫尔特曼的悲情神义学，它是在十字架上基督的"神弃悲情"。耶稣在十架上的死代表了具体的"上帝的历史"，在它里面包含了"人类历史的所有深谷绝壑"。① "十字架上非人化基督里上帝的人性……〔是〕对我们人性一个肯定。"②

"荣耀神学"（theologia gloriae）所展现的是一个不变的及无穷无尽的上帝形象，莫尔特曼却提倡"十架神学"（theologia crucis）的上帝形象，在十字架上被钉的基督可以转化承担一个被神遗弃的世界。在上帝自身内十架上受苦的上帝是自我抛弃的至真至善的表现，莫尔特曼称这为"上帝自己的一个悲剧"。③他赞同俄国哲学家尼古拉·伯达耶夫（Nikolai Berdyaev）的话："在神圣生命里，一个悲情的悲剧在……一个特殊神圣命运的中间站着受苦的上帝自己和他的儿子……倘若在此苦难里，世界的救赎和解放得以完成，那么这只能被解释为如此一个悲剧性的冲突，如此一个悲剧性的运动，如此一个悲剧悲情的最深沉来源出现在神圣生命自己的处境里。"④

这样一个神圣悲剧，构成世界的救赎和神义学所提出问题的答案的基础，不仅包括父为子的牺牲，而且亦是相应的父失去子的悲怆。"子在爱里受苦，死时被父所抛弃，父亦在他的爱里为子的死而受悲恸之苦。"⑤然而，这个神圣悲剧在复活的终末希望里被克服。正是被钉基督复活的认识提供了从死里释放的终末希望。伤创被创伤所医治，上帝为人类的受苦除去了人类的受苦。

---

① 莫尔特曼：《被钉十架的上帝》，第 246 页。
② 同上书，第 205 页。
③ 莫尔特曼：《三位一体与上帝之国》，第 42 页。
④ 同上书，第 43 页。
⑤ 莫尔特曼，《被钉十架的上帝》，第 245 页。

第四节　神义学和政治神学

一　苦难的团契

追随朋霍费尔的思想，莫尔特曼力劝人是被召唤在一个无神的世界里分担上帝的苦难。"耶稣受苦而独自死去，但那些追随他的人与他受苦和受死……在基督苦难的团契里面，苦难被苦难克服，并成为与上帝相交的渠道。"[1]这样，基督教应该与世界的苦难并肩站立，以此作为对神义学问题的一个回答。莫尔特曼主张基督徒们是"血证士"，也就是公开的见证人，而不是私人默想的"修道士"，他们的表现应该是参与，而不是参禅；外向见证而非内向精神；默默服侍而非默默冥想。[2]然而，基督教的这一方面已被"十字架上的玫瑰"所遮蔽。[3]

莫尔特曼的神义学不是思索，而是救恩；不是原则，而是实践；不是反映，而是革命；不是冥想，而是仲裁；不是语言，而是生命；不是改革，而是转化；不是阐释，而是互动；不是过去，而是现实。莫尔特曼写道："神学和信仰的新标准将在实践中被发现。"[4]换句话说，真理必须是可行的。[5]"后奥斯威辛"神义学是一个同情、认同、团结、参与和"非人化"苦难的团契

---

① 莫尔特曼，《被钉十架的上帝》，第56页。

② 同上书，第58—59页。

③ 莫尔特曼引用黑格尔《法哲学》关于"十字架上的玫瑰"的著名声明，他也谈及歌德对基督教挑战的一首诗："看那十架站立，玫瑰花盘旋围绕。是谁把玫瑰插上十架？花冠长大茂盛，僵硬十架每边都被温柔环绕。"（Goethe, *Die Geheimnisse. Ein Fragment*，引自《被钉十架的上帝》，第35页）

④ 莫尔特曼：《宗教、革命和未来》，第138页。

⑤ 同上。

之神义学。①

二　多维人

对于莫尔特曼，人不是单维存在，他们在许多不同空间里同时生活和受苦。一个实践的神义学不应只从一个角度得出结论，它必须在人类经验的众多空间维度里发展成一个复杂、关联的历史过程。莫尔特曼以五个方面概括这个"基督弥赛亚活动"：

1. 反对一些人对另一些人的剥削，为经济公平的奋斗；

2. 反对一些人为另一些人政治的迫害，为人权和自由的奋斗；

3. 反对人对人的文化疏离、种族歧视、性别隔离，为人类团结的奋斗；

4. 反对人类因工业化对自然的破坏，为自然生态和平的奋斗；

5. 反对个人生活的冷漠，为生命的保障奋斗。②

根据莫尔特曼，这五个方面是密不可分的。没有政治自由，就没有经济公平；没有消除文化隔离、没有从冷漠到希望的个人转化，就没有社会经济情况的改善。这被看作对救恩和神义学的一个全盘及全人的理解。莫尔特曼争辩说，这是他应用其方法论原则的政治神学，如此社会的革命性转化就成为可能。

---

① 莫尔特曼提及这个主题为"血的洗礼"和"与耶稣在死中的同感"（《被钉十架的上帝》，第57页）。

② 莫尔特曼：《关于人类尊严：政治神学和伦理学》（*On Human Dignity: Political Theology and Ethics*, trans. M. Douglas Meeks, Philadelphia: Fortress Press, 1984），第110页。

小　结

这一编试图加强对莫尔特曼神学方法的理解，借着展示他的四个分类来透视其神学方法：辩证神学、终末神学、苦难神学和政治神学，并阐述两个相关的教义：社群三一论和神义学。莫尔特曼的社群三一论以三位形态论和三神论的一个辩证和解来阐明，它强调运用作为终末论原则在上帝的历史上所得到的洞识，即是"上帝的寓居性"（perichoresis）。它从上帝在基督十架的悲情到三位一体之内上帝的悲情；最后，它以政治性理解三位一体来阐释历史，并谴责一个君主和等级的三位一体概念，这把莫尔特曼引向一个社群三一论的教义。

神义学被莫尔特曼通过形而上有神论和无神论之间的一个辩证和解来处理，它超越宇宙论和人类学途径，而到达一个关于神义学的社会人类学途径。这个途径属于验证的终末论规划，它强调按照迫近的终末亮光参与在末后的日子里。这是一个人类本质的社会现象学分析，它看到了不信神的人类困境，这个"神无困境"（godlessness）被上帝在基督十架上的"神弃境况"（godforsakeness）所回答。这样，终末论神义学就是十架神学（theologia crucis）。这就召唤基督徒参与分担被压迫者的苦难，如同上帝参与在基督苦难里一样。它是以五点纲要回答人类多维苦难的一个实践神义学。这样，它就成为一个相关适切神义学问题的全人整全的计划。

第四编
追踪评论：莫尔特曼
希望神学检讨

　　一些基督徒起初热切地回应莫尔特曼最初的著作《希望神学》。协和神学院的系统神学助理教授斯凯尔（Scaer），在1969年称赞这部著作："在一个时代中偶尔才有一本书划时代地打破神学现状，并指引神学路线进入一个新的阶段……这部著作，在神学和语言方面是一部杰作，已经成为欧洲神学的一座里程碑，而产生了积极的、正面的影响。"[1]

　　然而，几年以后当斯凯尔回顾评论莫尔特曼的《宗教、革命和将来》时，他承认："两年前我属于那些在美国热切欢迎莫尔特曼的《希望神学》的人……那些第一眼看来是一个支持《希望神学》精辟注释的圣经根据，在第二眼检视这些论文集中，却变成了彻头彻尾黑格尔主义的复苏，并且遗憾地以欺骗性的圣经语言包装起来。"[2]

---

　　① 大卫·斯凯尔：《一个打破现状的人》，《今日基督教》12（David P. Scaer, "One to Disrupt the Status Quo", *Christianity Today*, 12），1968年2月，第332页。

　　② 莫尔特曼：《黑格尔主义的复苏》，《今日基督教》14（"Revival of Hegelianism", *Christianity Today* 14），1971年12月，第26页。斯凯尔把莫尔特曼的终末论神学比作马塞勒斯（Marcellus）旧异端，即基督完成他的工作后，他将丧失或交出他的神圣特权，它令人惊讶地出现于莫特尔曼的著作《宗教、革命和将来》中，第213页。

　　以后，当斯凯尔在《当代神学的张力》写到"希望神学"时，他评论道："希望神学给上帝死了神学的悲观主义一个虚假和欺骗的解决方案，这是一个更残酷的方案，因为它拒绝说是或不。整个希望神学运动有效地启动了这个神学泵，但神学井中的水只是希望神学家们自己灌下去的……希望神学没希望了……没有一个过去制图的固定航程，希望神学就没有可以航行的真正未来；也没有它将可以落锚的避风港。"①

　　另一个福音神学家，唐纳德·布洛埃奇（Donald Bloesch），迪比克神学院（Dubuque Theological Seminary）的神学教授，反思莫尔特曼的第二本主要著作《被钉十架的上帝》。他命名为"莫尔特曼：激进的重新阐释"，②评论说："莫尔特曼以如此一种方式诠释了基督十架，而让它成为上帝生命里面的一个事件……更激烈的是莫尔特曼对上帝的诠释，谋求超越有神论和无神论，他安置了一个历史生命力和动态为基础的上帝……莫尔特曼拒绝他所称的'激进一神主义'，而赞成一个历程神学的泛在神论（panentheism），在此世界的苦情必需被包含在上帝的自身内……最终，我对莫尔特曼的救恩论明确有所保留，基督带来的释放被定义为'民主人权'、'身份确认'、'与大自然和谐共处'和'生存勇气'。"③

　　布洛埃奇继续反思莫尔特曼的第三部主要著作《圣灵能力

---

　　①　斯凯尔：《希望神学》，《当代神学的张力》（Scaer, "Theology of Hope", *Tensions in Contemporary Theology*, ed., Stanley N. Gundy and Alan F. Johnson, Chicago：Moody Press, 1976, 第230—231页）。

　　②　唐纳德·布洛埃奇：《莫特尔曼：激进的重新阐释》，《今日基督教》19（Donald G. Bloesch, "Moltmann：Radical Reinterpretations", *Christianity Today*），1975年6月，第28页。

　　③　布洛埃奇总结道："莫特尔曼经常谈及路德和巴特来证实他的立场，但他所提出的哲学立场会被这两位神学家所质疑。"布洛埃奇所指的哲学是黑格尔和怀特海的哲学。

中的教会》，并评论："在他最新的著作里，莫尔特曼寻求重新阐释教会的教义，他拒绝了亚伯拉罕·库帕（Abraham Kuyper）和奥古斯特·威尔马（August Vilmar）的旧保守主义，在他思想中他们尝试要以统治阶层的秩序来反对混乱和革命，并以此来鉴定教会……使得福音派对莫尔特曼神学不舒服的地方并不是他对这个世界中被压迫者和贫穷者的确认及呼吁，因这确实有一个新约的基础；而是他理解上帝临在于历史而不是超越于历史，并且所有人类已经被上帝所称义，而无须他们的信心。再者，他把所有世界宗教都包容在救赎历史中的恩典一元论，还有他重新解释使命为对耶稣基督的政治和社会承诺，这些都是值得商榷的事。"①

在最近一些福音派对莫尔特曼《创造中的上帝：一个创造的新神学和上帝的灵》的反思中，北美浸信会神学院的系统神学教授斯坦利·格伦茨（Stanley Grenz）观察到："一些福音派读者会对此书的基本主题提出意见。莫尔特曼的在创造中的圣灵与上帝临在的密切联系可能被（错误地？）认作为泛神论，但是另一个警告更确定，作者试图专注地以上帝在创造中的工作来描述圣灵，但上帝在救恩里圣灵的工作却近乎排除不谈。"②

这三位福音派神学家代表了关于莫尔特曼神学方法的一般反应，既有一些积极的推荐，亦有严肃的保留和批判。这篇评论是

①　唐纳德·布洛埃奇《教会中的张力》（*Tensions in the Church*），《今日基督教》22，1978年4月，第36—37页。布洛埃奇确实有一些对莫特尔曼著作《圣灵能力中的教会》的良好的评论，他说："这本书，在我看来是莫特尔曼最好的，可在如下基础上被推荐：受歧视读者在教会复兴的侍奉中可以从书中领略不少挑战性和创造性的洞察。"

②　斯坦利·格伦茨：《上帝的灵和好土地》，《今日基督教》31（Stanley J. Grenz，"God's Spirit and the Good Earth"，*Christianity Today*），1987年3月，第66页。格伦茨的回顾更赞同莫特尔曼的著作《创造中的上帝》，他总结这是"莫特尔曼最好的，它具有挑战性和煽动性，对当代神学感兴趣的福音主义者，这是本必读的书。"

按照当代处境和范畴，特别是奥斯威辛的事件，来理解莫尔特曼神学方法的一个尝试。首先全面而正确地理解他的方法，才能赏析他的积极贡献及批判地评价他的负面影响。

第八章　肯定性评论

面对身份危机和神义学的呐喊，莫尔特曼试图保持基督教的内在意义，并使这一意义相关适切于现代世界。基督教的内在意义身份的问题，是所有神学建构的圣经一致性问题。换句话说，这个神学范畴在圣经诠释的检验之前，能否确实地站得住脚？故此，与圣经神学的相互作用是不可避免的，相关性问题是基督教对现代世界的需要所产生外在适切的意义，正是基督信息的社会向度需要适切地联系于人类。

第一节　圣经神学

讨论系统神学和圣经神学之间的关系，在神学历史中相对来说是比较近期产生的。系统神学，或教义学，几乎与教会本身一样远古：奥利金的《论原理》（*De Principiis*）、奥古斯丁的《手册》（*Enchiridion*）、阿奎纳的《神学大全》（*Summa Theologica*）、加尔文的《基督教要义》等。圣经神学则相对年轻得多，并带着一个质疑的历史。①它在启蒙运动（Aufklarung）的背景下升起，以理性来拒绝启示和圣经正典的统一性，明确地开启出人

---

① 哈林顿：《圣经神学的道路》（W. J. Harrington, *The Path of Biblical Theology*, Dublin: Gill and Macmillan, 1973），第 19—25 页；H. J. Kraus, *Die Biblische Theologie: Ihre Geschichte und Problematik*（Newkirchener Verlag, 1970）。

类自治的人本主义。①约翰·菲利普·盖布勒（Johann Philip Gab-ler，1753—1826）的阿尔多夫（Altdorf）就职演说辞通常被认为是圣经神学的始点。②盖布勒立场的要点是圣经神学是历史性和释经性的。他说："圣经神学具有一个历史特征，传输神圣作者所写的神圣事物；相反地，教条神学，具有一个说教特征，教诲一个特别神学家依照他的能力、时代、年龄、地点、宗派或学派和其他相似事情来哲学地探讨神圣事物。"③这样，根据盖布勒，圣经神学已成为关于发现圣经作者如何思考和教导的一门描述性学科。另一方面，教条神学是一门说教或规范性标准学科，基于经文和环境向当代声明信仰。

莫尔特曼断言，神学必须是圣经导向的。他在自传里说："如果我想把我的神学以几个句子写成一个梗概，我不得不说至少我寻求思考一个神学，那是：

——圣经性建构的，

——终末性导向的，

---

① 启蒙运动之前（1750 年），圣经神学以信经或信约条款表达出来，除了敬虔运动的菲利普·雅各·斯宾塞（Philip Jacob Spener，1635—1705）是反对信经的。批评教条方法而促进一个基于释经学的圣经神学的德国神学家是胡夫纳戈尔（Hufnagel）和萨迦利亚（G. T. Zachariae）。公认从教条神学的最终分离的圣经神学是由盖布勒在 1787 年达成的。参考理查德·加芬《系统神学和圣经神学》，《西敏神学期刊》38（Richard Gaffin，"Systematic Theology and Biblical Theology"，*Westminster Theological Journal*，1976），第 281—299 页。

② 盖布勒：《圣经神学和教条神学的适当分别和它们界限的正确划分》（Dejusto discrimine theologiae biblicae et dogmaticae regundisque recte utriusque finibus）；可参考 O. Merk 的著作 *Neuen Testaments in ihrer Anfangsseit*（Marburg：N. G. Elwert，1972），第 273—284 页。

③ 盖布勒：*Kleine theologische Schriften*，2，第 183—184 页；部分英语翻译见于库摩尔（Kummel）《新约：它的问题调查的历史》（*The New Testament：The History of the Investigation of its Problem*），第 98—100 页。盖布勒提倡圣经神学家必须逐段阐释圣经，运用纯粹的语法和历史原则，他必须比较段落，注意意见相同点和明显的意见不同点。他必须致力于阐明如此的思想，而不扭曲他的材料或删除其中的区别。

——和政治性任命的。"①

圣经神学加强了人们的神学方法和神学建构。他描述其《希望神学》为"一个旧约和新约感知视野、哲学宣告和实际境况，编织而成系统神学之新挂毯的尝试。"②他不断地与旧约神学家们相互联系，如沃尔特·茨莫里（Walther Zimmerli）、杰哈德·冯·拉德（Gerhard von Rad）和罗尔夫·伦德托夫（Rolf Rendtorff），和新约神学家如厄斯特·卡什曼（Ernst Kasemann）、乌尔里克·威尔肯斯（Ulrich Wilkens）和奥斯卡·卡尔曼（Oscar Cullmann）。他们已经在系统神学激发了历史和终末趋势。③

圣经神学作为神学历史来源，这更新的强调并不是旧自由派的重点，也不是存在主义神学的重点。④德国保守派神学家，包括图宾根的奥托·迈克尔（Otto Michel of Tubingen）、格丁根的乔秦·杰里迈亚斯（Joachim Jeremias of Gōttingen）、美因茨的古斯塔夫·斯塔林（Gustav Stahlin of Mainz）、明斯特的卡尔·海

---

① 莫特尔曼：《自传笔录》，第222页。

② 莫尔特曼：《今天的希望神学》，《批判》26，1968，第181—123页。

③ 莫特尔曼毫不含糊地承认："在旧约学者如德国的杰哈德·冯·拉德（Herhard von Rad）、沃尔特·茨莫里（Walther Zimmerli）和马丁·诺斯（Martin Noth）的指导，在犹太教师如马丁·巴伯（Martin Buber）、弗兰茨·罗森威格（Franz Rosenzweig）和沙龙·本—肖林（Shalom Ben - Chorin）的影响下，我们（终末论神学家们）学习阅读旧约，为一个应许历史的见证，把希望通过新约指向为所有等待众生的一个救赎将来。"《今天的希望神学》，第22页。

④ 布尔特曼对经文的理解不是一个上帝的历史启示，而是以人的存在性解读人性的真切。在他的论文里，"旧约对基督信仰的重要性"，他断言旧约能被宣告为上帝的话："只要它是确实应许——那是，为基督徒存在的理解作准备。"（《旧约和基督信仰：一次神学讨论》，*The Old Testament and Christian Faith: A Theological Discussion*, ed. Claus Westermann, Richmond: John Knox Press, 1963，第50—75页）布尔特曼对基督教的重新阐释曾经流行一时，以至巴特和布鲁纳（Brunner）不得不承认"布尔特曼是王"（《冬天又来了么？欧洲的神学转换》，《今日基督教》，"Has Winter Come Again? Theological Transition in Europe", *Christianity Today*, 1960年11月，3ff）。

利奇·伦斯托夫（Karl Heinrich Rengstorf of Munster）、汉堡的利奥纳德·古培尔特（Leonhard Goppelt of Hamburg）和埃朗根的杰哈德·佛雷德里奇（Gerhard Friedrich of Erlangen），他们都是严谨的圣经神学家。他们坚持圣经文本所证明神圣的"事件—启示"本身也是神圣的"真理—启示"。[①]救恩历史论（Heilsgeschichte）学者坚持上帝拯救的行动与基督教信仰、宣讲的基督和历史的基督之间存在一个内在联系，他们也是圣经神学家，包括巴塞尔的奥斯卡·卡尔曼（Oscar Cullmann of Basel）、马堡的韦纳·乔治·古梅尔（Werner Georg Kummel of Marburg）、苏黎世的埃德加·斯韦泽（Eduard Schwizer of Zurich）和柏林的乌尔里奇·威尔肯斯（Ulrich Wilckens of Berlin）。[②]这一认真对待圣经作为启示的一个来源的趋势在德国很流行，莫尔特曼即是一位强调圣经神学作为值得称赞的一个神学来源的系统神学家。

第二节　历史意识

如第一编所提的，康德引进了一次认识论的革命，导致现代

① 德国保守主义者倾向于对圣经批判做出让步，比如汉堡的赫尔姆特·西里克综合了自由、辩证和保守的神学成分。莫特尔曼无批判地接受了威尔豪森（Wellhausen）的底本论假设（Documentary Hypothesis），他说："新创造将带来'新迁离'（摩西第二）、'新约'（耶利米第二）、'上帝的新仆人'（以赛亚第二）……最终，它将带来'新天和新地'（以赛亚第三）"（《创造中的上帝》，第120页）。
② 参考杰哈德·艾伯林《"圣经神学"意义》，《神学研究期刊》6（Gerhard Ebeling, "Meaning of 'Biblical Theolgoy'", *Journal of Theological Studies*），1955，第210—225页；理查德·加芬：《系统神学和圣经神学》，《西敏神学期刊》38（Richard B. Gaffin, "Systematic Theology and Biblical Theology", *Westminster Theological Journal*），1976，第281—299页；肯尼斯·斯坦德尔：《当代圣经神学》，《圣经解释词典》第一卷（Kenneth Stendahl, "Contemporary Biblical Theology", *Interpreter's Dictionary of the Bible*），纽约，1962，第418—432页。

主观性的现象学分析。知识，就成为主观的、个人的、私有的、存在的和相遇性的。早期海德格尔认识论的方向亦是从"此在"（Dasein）到"存在"（Being），而"此在"是人类主观性及主体性的。[①]布尔特曼指出这个途径为"人类存在现实性的质询就是对上帝的质询"打开了通达的道路。客观性和历史性的真理被融入人个别决定的存在认证中。布尔特曼采用海德格尔的语言，断定"人不为他自己选择某事，而选择他自己为他的可能性（sich als seine Moglichkeit wahlt）"的重要，[②]结果就成为先验的和人类学的。莫尔特曼称此途径为"人先验主观性的神学"或"人类学验证计划"。[③]于是，客观历史就被人主观的、存在的历史性所吞没。

　　海德格尔从对"此在"的本体论求索到"存在"的揭示，此转换对理解布尔特曼的人类学途径到巴特的本体神学途径的变化很重要。对于巴特而言，上帝是只能被他自己所认识和通过上帝的启示来认识。上帝是通过话语对人揭示他自己，巴特的格言是"上帝说话"（Deus dixit）。莫尔特曼称这个途径为"上帝先验主观性的神学"或"本体论验证的计划"。[④]根据巴特，如此的上帝揭示发生在上帝的话语中，人可以与上帝产生存在性的相遇。认识论重点在于人经由上帝的现今相遇，现在是为永恒的一刻，正是阐释于存在性自由中的永恒临在决定人的确实性。现实、历

---

　　① 马格达·金说："存在与时间现象学方法的重要性在每页纸上都是明显的。"（Magda King：《海德格尔的哲学：他基本思想的指南》，*Heidegger's Philosophy：A Guide to His Basic Thought*，Oxford：Blackwell，1964，第149页）。

　　② 鲁道夫·布尔特曼：《信仰和理解》（Rudolf Bultmann，*Faith and Understand-ing*，London：S. C. M.，1969），1，第149页。德文本 Glauben und Verstehen. Gesammelte Aufsatze（Tubingen：Mohr，1964－1965），1，第118页。这是布尔特曼理解的"人的存在的历史本性"（die Geschichtlichkeit des menschlichcn Seins）。

　　③ 莫特尔曼：《希望神学》，第273—276页。

　　④ 同上。

史、客观性和永恒被阐释于主观性的"现在"范畴。巴特的现实临在问题和导向世界历史为基督的历史，引起潘能伯格、詹森（Jenson）和莫尔特曼的攻击，他们认为巴特的现实观点为非历史性的。①

虽然巴特和布尔特曼都试图建构一个启示理论，以避免历史批判主义、历史实证主义和科学历史性方法的威胁，他们却把神学转向了主观性非历史范畴。这些范畴已经丧失了圣经展示上帝在历史中的作为。莫尔特曼重新引进历史范畴对当代神学有肯定性的修正作用。莫尔特曼指出，这个历史的理解是先知性和启示性的结果。②他断言："如果历史曾经发生事件的突破，那么，就不能再回复到非历史性的永远存在和永恒持久的宇宙之信仰中。"③

在《希望神学》里，莫尔特曼采纳了黑格尔对康德的批判，以提供对非历史终末论的一个批判性评价的主线。他说："黑格尔在他的早期论文《信仰和智能》中，副标题为'主观性哲学的反思'，就深邃地描写了他对纯反思哲学的不满……这个对康德先验主观性哲学的反思批判，后来黑格尔进一步在他的浪漫主义批判中得以发展……黑格尔意识到这个过程中的两个因素：客体性和主体性，是反思哲学的抽象产物，所以辩证地互为条件，两者都包括了一个否定和一个与历史的决裂。"④

黑格尔在主体性和客体性之间保留了一个辩证张力。他赞扬主体性原则，因为它避免了思考上帝为理性的客体对象。另一方面，如果不允许理性从主体与客体精确地区分出来，那么客体就

　　① 福特：《巴特对圣经的阐释》，《卡尔·巴特神学方法研究》（D. F. Ford, "Barth's Interpretation of the Bible", *Karl Barth: Studies of His Theological Method*, ed., S. W. Sykes, Oxford: Clarendon Press, 1979），第 85 页。
　　② 莫特尔曼：《希望神学》，第 124—138 页。
　　③ 同上书，第 263 页。
　　④ 同上书，第 48—50 页。

有危险丧失于"想像的虚构"。如此，黑格尔就预见了莫尔特曼对历史意识的关注。

历史意识就是莫尔特曼在"历史"一词中所指的意思，有五种关于莫尔特曼的历史意识的区别意义：第一，历史被莫尔特曼理解为应许和应验，它是基于圣经神学基础上的希伯来现实意识。第二，它是一个使命的意识，历史意识（Geschichtsbewusstsein），对于莫尔特曼而言，是使命意识（Sendungsbewusstsein）。[①] 他说："从赫尔德（Herder）的 *Ideen zur Philosophie der Geschichte der Menschheit*，康德的 *Ideen zu einer allegemeinen Geschichte in weltburgerlicher Absicht*，席勒（Schiller）的 *Was heist und zu welchem Ende studiert man Universalgeschichte?* 最后是黑格尔的 *Philosophie der Weltgeschichte*，所有历史学家和历史思想家都提出了一个使命意识，并一个在历史意义中的信仰和人类的伟大任务。"[②] 第三，历史是一个社会危机的意识。莫尔特曼说："历史的现代意识是一个危机意识，所有现代历史哲学基本上是危机哲学。"[③] 第四，历史是在世界上展开行动的场所。他说历史是"真理判决过程（Rechtsprozess）所执行的舞台（Spielraum）"。[④] 第五，根据莫尔特曼，历史不是一个现实的特殊模式（Geschichte），而是一个记录（Historie）。这五种意思是莫尔特曼所谓的历史意识，这是希伯来的历史概念，与希腊的循环历史概念或永恒现在的概念截然不同。

显然，圣经历史是救恩历史（Heilsgeschichte），福音派仍然会坚持，历史记录（Historie）的圣经资料中的真理性和历史性

---

① 莫特尔曼：《希望神学》，第195页。
② 同上书，第262页。
③ 同上书，第230页。
④ 莫尔特曼：《希望和计划》，第84页。

是不可分割的。①　历史的神学观点是建基于历史真实事件的基础上的。如莫尔特曼所说，"基督教神学在历史中论及上帝"。②　历史是在时间里上帝的作为，或如黑格尔所说："历史是上帝在时间里的足印。"基督教是一个历史宗教，整个历史进程是有意义的，因它是上帝创造作为的结果，并为基督的道成肉身、十架受难和三日复活所圣化。③　人类历史的决定性事件是上帝在基督里的作为，也是对其他历史事件的重要性的至高标准，所有历史事件都归于它们与基督的关系。

　　莫尔特曼在历史意识上的坚持是对非历史性宇宙论和非历史性先验终末论的一个修正，而它没有陷入一个人本自治历史的无神主义，而成为牺牲者。如此恢复了一个视历史为应许的圣经终末论。这就是莫尔特曼所理解的"基督教神学历史性地谈及上帝，并终末性地谈及历史"。④

第三节　应许原则

　　如前一节所述，莫尔特曼反对布尔特曼以非历史性的方法来

---

①　西格弗里德·赫尔曼定义这些关键术语于《时间和历史》，翻译：詹姆斯·布莱文（Siegfried Herrmann, *Time and History*, trans. James L. Blevins, Nashville: Abingdon, 1977），他写道："Geschichte 是一个古老的德国高地字，可追溯到字根 gisciht，意思是一个单独事件或发生事件。Historia 的起源在希腊文并通过拉丁文到我们这里，表示'那一个所知的事件'，或一个基于一个人自己，或其他人的，经验的报告……这样，我们能总结 historie 包括我们对有关事件的历史知识。"（第29页）
②　莫尔特曼：《希望和历史》，《今日神学》25，1968年10月，第372页。
③　约翰·沃里克·蒙哥马利：《过去的形状：对历史世俗哲学的一个基督回应》（John Warwick Montgomery, *The Shape of the Past: A Christian Response to Secular Philosophies of History*, Minneapolis: Bethany Fellowship Inc., 1975），第138页。蒙哥马利的历史的基督教观点，按莫特曼试图修正的基督教历史特征而言，值得研究讨论。
④　莫尔特曼：《希望和历史》，《今日神学》25，1968年，第372页。

处理启示，这与潘能伯格有异曲同工之妙。[1]潘能伯格的神学方法有以下特点：（1）在上帝话语中引申出启示来，巴特式的启示观被拒绝；（2）上帝直接在历史中显示他自己，这只有在考虑到历史全部和从历史结局的观察才能完全认识到；（3）在历史中间，并在上帝的全面作为之前，上帝的每个特殊作为间接地显示他自己；（4）历史的事实从实证贬值的"静态事实"中，借着冯·拉德"传统历史"的概念被积极挽救回来。[2]潘能伯格试图按照应许和应验的观念，将启示和历史重新定义。他说，"应许和应验之间的张力造就了历史"。[3]

　　然而，莫尔特曼在几点上不同于潘能伯格。莫尔特曼没有拒绝巴特式话语的启示，只要它在一个开放的过程里与历史联合。再者，他认为启示不是阐明或"揭开"整个历史的意义，而是应许一个普遍性的视野。[4]莫尔特曼依据冯·拉德达致这见解，即历史事件和其意义在上帝即将来临的实在中得以实现。启示就这样被理解为一个寻求阐明现在意义的历史性动力，每件事都指向上帝的历史作为，并向着一个即将应验的应许迈进。[5]

　　这个应许与应验的主题为几位福音派学者所采用，成果硕

① 沃尔哈特·潘能伯格：《当作历史的启示》（Wolfhart Pannenberg, *Revelation as History*, David Granskou, London：Macmillan, 1968），第3—13页。

② 道格拉斯·米克斯：《希望神学的起源》，第69页。

③ 沃尔哈特·潘能伯格：《神学中的基本问题》（Wolfhart Pannenberg, *Basic Questions in Theology*, trans. George H. Kehm, Philadelphia：Fortress Press, 1974），第19页。

④ 安东尼·斯色顿认为莫特尔曼和潘能伯格在他们的终末论神学里吸收了伽达默尔（Gadamer）两个视野的思想，即古代文献的视野和现代读者的视野（《两个视野：新约和特别参考海德格尔、布尔特曼、伽达默尔和维特根斯坦的哲学描述》，Anthony Thiselton, *The Two Horizons：New Testaments and philosophical Description with Special Reference to Heidegger, Bultmann, Gadamer, and Wittgenstein*, Grand Rapids：Wm. B. Eerdmans Publishing Co., 1980，第15—16页）。

⑤ 莫特尔曼：《希望实验》，第48页。

然。沃尔特·凯瑟（Walter Kaiser）认为"应许"正是上帝在历史中计划的基础。他认为应许是一个特定的"预设计划，涵蕴着部分和全部的开始和结束"①。凯瑟旧约神学的整个结构建筑于上帝在历史的不同纪元中所部署赐予世界和他子民的应许上。凯瑟从威利斯·比彻（Willis Beecher）于 1905 年在普林斯顿发表演讲的讲义中，构思出他的应许原则。②比彻写道："这个（应许）是在两约中占主导的纪录——众多的具体事件揭开单一的应许，这应许作为一个宗教教义的中心。"③

应许是否是圣经文唯一的中心是有商榷之处，一些圣经学者会考虑另外的范畴作为圣经的中心：譬如塞林（Sellin）以上帝的圣洁，④科勒（Kohler）以上帝的主权，⑤怀尔伯格（Wildberg-

---

① 沃尔特·小凯瑟：《通向一个旧约神学》（Walter C. Kaiser, Jr., *Toward an Old Testament Theology*, Michigan: Zondervan Publishing House, 1978），第 30 页。凯瑟运用阿尔布莱森（Albrektson）的词典编撰方法在一群字组中，如应许、誓言、祝福、安息和种子，并决定以"应许"组成了统一整本圣经的所有部分的基本中心。然而，"应许"这字没有出现在旧约里。当 epangelia 在 LXX 里数次被引用时，并没有应许的含义（Schniewind, "epangelia", *Theological Dictionary of the New Testament*, ed. Gerhard Kittel, trans. Geoffrey Bromiley, Grand Rapids: Wm. B. Eerdmans Publishing Co., 1964, 2, 第 576—586 页）。

② 同上书，第 263 页；也参考库摩尔《应许和实现：耶稣的终末信息》，《圣经神学研究》（W. G. Kummel, "Promise and Fulfillment: The Eschatological Message of Jesus", *Studies in Biblical Theology*），1961，第 23 页。应许的最详细检测之一出现于杰哈德·索特（Gerhard Sauter）的文章：*Zukunft und Verheissung: Das Problem der Zukunft in der gegenwartigen theologischen und philosophischen Diskussion*（Zurich: Zwingli Verlag, 1965）。

③ 威利斯·比彻：《先知和应许》（Willis Beecher, *The Prophets and the Promise*, Grand Rapids: Baker House, 1905），第 178 页。

④ 塞林（E. Sellin）：*Theologie des Alten Testaments*（Leipzig: Felix Meiner Verlag, 1933），第 19 页。

⑤ 科勒（A. Kohler），*Theologie des Alten Testaments*, trans. A. S. Todd（Gottingen: Vandenhoeck und Ruprecht, 1936），第 30 页。

er）以选民，①艾科特（Eichrodt）以圣约②等为圣经的中心。当代圣经学者中没有共识哪个主旨是旧约或新约的合适中心。另一方面，一些圣经学者，如冯拉德，拒绝接受旧约有一个统一的中心观念能将圣经首尾统摄起来，并无差异，也无矛盾地形成一个整全有组织的文献。③黑兹尔（Hesel）尽管承认圣经神学的目标是揭开内在中心，却认为分歧的、多重性和多样化的陈述致使设立此中心成为不可能。④然而，作为一个圣经主旨的应许，仍是值得追索的。

第四节　希望信息

每个神学都是时代的产物，尽管它也相应地塑造了它的处境。主观性的、个人中心的和内向的巴特新正统主义反映出世界大战后的普遍政治和精神消沉的境况，并且能够满足当时的需要；但不久在处理 20 世纪下半段宁静成长的世界乐观主义方面，它就显得不够了。预言于 40 年代后期的苏联和美国之间的核子战争并没有发生。一个相对平稳的政治局面，连同东方和西方相当繁荣的经济，促生了一个新的思潮，完全不同于怀疑和犹豫态度的战后气氛。忧郁的丹麦人索伦·克尔凯郭尔（或译作祁克果）的自闭和自满态度，突然看来

---

① 怀尔伯格（Wildberger）："Auf dem wege zu einer biblischen Theologie", *Evangelische Theologie*, 19, 1959, 第 77 页。

② 沃尔特·艾科特：《旧约神学》（Walther Eichrodt, *Theology of the Old Testament*, trans. J. A. Baker, Philadelphia: The Westminster Press, 1961), 1, 第 36—69 页。

③ 杰哈德·拉德：《旧约神学》（Gerhard von Rad, *Old Testament Theology*, trans. D. M. G. Stalker, New York: Harper and Row, 1962), 2, 第 412 页。

④ 杰哈德·黑兹尔：《旧约神学：当前争议中的基本问题》（Gerhard Hasel, *Old Testament Theology: Basic Issues in the Current Debate*, Grand Rapids: Wm. Eerdmans Publishing Co., 1975), 第 142—143 页。

与在沮丧和无望的废墟上树立起自己的世界步调不一致。他是处在两次世界大战的废墟上建设的年代，因着过去它所建构的一切都如此毁灭性地被破坏，它只有在未来才看到它唯一的希望。事情可看来如此绝望以至希望成为唯一可能留下的替代，①莫尔特曼的希望神学是对他时代生活状况的一个回应。总的来说，詹姆斯·克利斯特（James Christ）写道："莫尔特曼的方法，如许多人已经看到的，是针对世界历史进程中当前流行的虚无主义和绝望心态的一剂健康解毒药。"②

生命希望被当作一个基本哲学和神学不闻于希腊文化，人们在《哲学百科全书》里不能发现"希望"此词汇被看作一个哲学范畴。然而，近代英国护教学家及基督教文学家路易斯（C. S. Lewis）主张"希望是神学德行之一"③。霍夫曼（Hoffmann）观察到"希望"此词经常在旧约和新约相关"应许"的词汇里："希伯来语有四个主要动词意指希望：（1）qawah（与 qaw 有关联，意指伸出，垂线），伸展出，期待，等待（上帝，26 次）；（2）yahal，等待，期望（上帝，27 次）；（3）hakah，等待（上帝，7 次）；（4）sabar，等待，希望（上帝，4 次）。四个相对应的名词不太显明（它们被用在 9 个关于上帝希望的段落里）。最通用的是 tiqwah（17 次），betah 的各种

① 有关一个莫特尔曼希望神学兴起的社会学评价，参考大卫·斯凯尔《希望神学与当代神学的张力》，第 200—201 页（David Scaer, "Theology of Hope", *Tensions in Contemporary Theology*）。

② 詹姆斯·克利斯特：《一个牧师对"希望神学"的回应》，《路德宗季刊》21（James B. Christ, "A Pastor's Response to 'Theology of Hope'", *Lutheran Quarterly*），1969 年 5 月，第 179—183 页。

③ 路易斯：《希望》，《纯粹基督教》（C. S. Lewis, *Mere Christianity*, New York：Macmillan Publishing Co., 1952），第 118 页。

形态更多的有信任和安全的意思，也在希腊文七十士译本中被翻译为 elpis。希望被当作一个出现在最显著位置的行动，并且发生于应许和安慰里，不过主要它被当作一个信约的保证……"①

圣经的希望从不是自我为中心的，而总是把基督和上帝放在中心。它的中心不是个人的祝福，而是上帝宇宙性主权的统治，在此他将是"一切的一切"（《哥林多前书》15：28）。它不只停留在德行上，而是于上帝在耶稣基督里的恩惠善工上，他被称为"我们的希望"（《提摩太前书》1：1，"基督在你里面，荣耀的希望"）。它是父神恩典的礼物（《帖撒罗尼迦后书》2：16），总是神圣拯救行动的一个充满信心和保证的期望。圣经的希望是一个有忍耐的、守纪律的、有信心的等待和期望主为拯救者。②

当莫尔特曼于 1960 年发现欧斯特·布洛克（Ernst Bloch）的希望哲学时，他即时的反应，如记录在他自传里的，是那样："为什么基督神学允许这个希望的主题，本是确实属于它的，却失去了它？哪里能在今日的基督教里与基督精神息息相关的希望呢？"③

这个以希望为神学建构的当代思路在圣经的亮光中得到肯定与鉴赏。对于莫尔特曼来说，这个弥赛亚的希望大于死后的希望，它是现在转化的希望，它是在未来的光照下现今的转化希望。这个转化就莫尔特曼的希望神学而言，是一个社会政治性的

---

①　霍夫曼：《希望，期待》，《新国际新约神学词典》（E. Hoffmann, "Hope, Expectation", *The New International Dictionary of New Testament Theology*, ed. Colin Brown（Grand Rapids: Zondervan Publishing House, 1976），2，第 239 页。

②　布鲁斯：《保罗：释放的使徒之心》（F. F. Bruce, *Paul: Apostle of the Heart Set Free*, Grand Rapids: Wm. B. Eerdmans Publishing Co., 1977），第 300—313 页。

③　莫特尔曼：《自传笔录》，第 207 页。

议程。

第五节　社会向度

早在 1959 年，莫尔特曼已经提出以上帝天国的视野来认识教会，特别是教会与社会的关系。莫尔特曼强调神学必须与人民的痛苦认同。神学的"基督教信仰自我认识（Selbstverstandis）总是处于同社会'自明'（selbstverstandliche）的一个关系中"①。前面申述他的神学方法为一个社会现象学的分析，它提出神学对现代世界相关适切的问题。他追随特洛尔奇（Troeltsch）所倡导宗教的社会研究方向，并提问：现代社会允许基督教会扮演什么角色？或上帝想要教会扮演什么角色？他指出社会转化的出发点是以基督教为一个"公共礼拜和社会秩序（sacra publica）的护卫者"②。根据莫尔特曼的说法，教会只有当"它尽忠对世界的使命"时，才是那位被钉者的盟友。③教会应批评所有压迫、非人化的社会状况和政治结构，这是一个先知性功能。持有如此一个独特视野，教会"能为人类的公共、社会和政治生活的塑造获得新的推动力"④。

莫尔特曼对这个福音的社会向度之强调为福音派所欣赏和肯定，并且反映在 473 字的"福音派社会关注宣言"中，此社会行动声明于 1973 年在芝加哥沃布什（Wabash）基督教青年

---

① 莫特尔曼：《希望神学》，第 324 页。
② 莫尔特曼：《工业社会中基督教的新前线》，《宗教、启示和未来》，翻译：M. Douglas Meeks（New York：Charles Scribner's Sons, 1969），第 110 页。
③ 莫尔特曼：《希望神学》，第 327 页。
④ 同上书，第 329 页。

会上为五十位福音派领袖所签署。①这宣言承认福音派在展现
"上帝给予受苦的社会被虐待者的爱"和"在一个不公正的美国
社会里"宣告上帝的公义之失败。在此并没有一个"新"的福
音被宣告，也没有政治意识形态或政党签字，这个宣言被看作
"门徒全人"和全国公义的呼吁，它提出抗衡社会的不公平、剥
削、种族主义、性别歧视、物质主义、贫穷、饥饿和暴力等问
题。②

　　芝加哥宣言的一年后，葛培理在瑞士洛桑召集世界各地的基
督徒，为世界福音化提出基督的使命。洛桑会议（1974）与洛
桑运动（LCWE）就此诞生，由洛桑委员会来推动世界福音化。
1989年8月，从一百八十六个国家来的三千五百位参加者，云
集在菲律宾马尼拉开始第二届洛桑会议。在"宣扬基督直到他
来"的主题下，挑战参加者"拿起整全福音给予整个世界"。大
卫·彭满（David Penman），澳大利亚墨尔本的圣公会主教说：
"福音不应只是给灵魂带来希望，而是给人们所居住的环境带来

---

　　①　参加签署宣言的包括校园基督教团契加拿大主任塞缪尔·埃斯科波
（Samuel Escobar）；《今日基督教》前编辑，神学家卡尔·亨利（Carl F. H. Hen-
ry）；全国黑人福音协会主席威廉·本特利（William Bentley）；多伦多基督研究
学会的卡尔·托马斯·麦克英特尔（Carl Thomas McIntyre）；《永恒》的编辑威
廉·彼得森（William Petersen）；加利福尼亚浸信会神学院教授伯纳德·拉姆
（Bernard Ramm）；南方浸信会社会关注执事福伊·瓦伦丁（Foy Valentine）；东
方门诺学院主席迈伦·奥古斯伯格（Myron Augsburger）；加尔文学院政治科学教
授保罗·亨利（Paul B. Henry）；石溪学校前任校长弗兰克·加百里恩（Frank
Gaebellein）；保守浸信会国内差会董事卢夫斯·琼斯（Rufus Jones）；马科特大
学社会学者大卫·莫伯格（David O. Moberg）；印第安纳州立大学历史学家理查
德·皮尔拉德（Richard Pierard）；富勒神学院神学家路易斯·斯密德斯（Lewis
B. Smedes）等。

　　②　有关一个完整的"福音派社会关注"宣言，阅读《福音派关于公义……》，
《今日基督教》（1973年12月23日）：第38—39页。

希望。"①再者，新任命的国际 LCWE 主任托马斯·修斯顿
（Thomas Houston）催促差会组织给予世界最贫困的国家优先权
去服侍他们。他说："如果我们真正认真对待世界福音化，我们
必须为恩情和承信的问题寻找答案。"②福音的社会向度是洛桑会
议清晰的一个肯定，一份声明确认"我们必须以关怀那些缺乏
正义、尊严、粮食和庇护的人民来明显地彰显上帝的爱"③。其
他声明指出"个人的和结构的不公义和压迫"和"种族、性别
和阶级的障碍"④。

　　这样的声明回响着对莫尔特曼的关注，救恩不仅意味着个人
的和解与救赎，"而且也必须被理解为旧约意义的平安（Sha-
lom）……（它包括）终末希望对公义、人性化、人性的社会
化、所有被造物的和平的实现"⑤。于 1980 年做的一份关于社会
态度的盖洛普（Gallup Poll）民意调查显示对福音社会向度的关
注。⑥民意调查显示 98% 的福音派确认教会对儿童、残疾人和老
年人的"基本需要"负有责任。另一份统计显示 42% 的福音派
（占美国人口的 33%）倾向一个对抗贫困的个人参与。它是"全
人门徒"和"整全福音"的信念，福音派对莫尔特曼关于基督

　　①　引用林·克莱德曼《全球帐篷回忆："全部福音"对马尼拉洛桑二期的参加
者提出了严峻问题》，《今日基督教》（1989 年 8 月 18 日），第 39 页（Lyn Cryder-
man，"Global Camp Meeting：The 'Whole Gospel' Poses Tough Questions for Participants at
Lausanne II in Manila"，*Christianity Today*）。
　　②　同上。
　　③　林·克莱德曼（Lyn Cryderman）：《马尼拉宣言经历进一步研究》，《今日基
督教》（1989 年 9 月 8 日），第 62 页。
　　④　同上书；也参考王永信编辑的《向公元二千年倒计时：到公元二千及以后
世界福音化全球咨询的正式纲要》，1989 年 1 月 5—8 日，新加坡（Pasadena：The AD
2000 Movement，1989），第 91—158 页。
　　⑤　莫特尔曼：《希望神学》，第 329 页。
　　⑥　卡尔·亨利：《亨利关于盖洛普：信仰和社会关注》，《今日基督教》（1980
年 10 月 24 日），第 38—41 页。

教信仰的社会向度的重点引起了共鸣。然而，从福音派角度来看，莫尔特曼的神学并不是没有问题和保留的。甚至，一些福音派对莫尔特曼的假设和方法论原则提出强烈质疑。

第九章 批判性评论

　　按照第一编所陈述的神学处境和第二编所罗列的神学分析，本章将对莫尔特曼的希望神学进行批判性的评论。本章立足于莫尔特曼辩证神学、终末神学、苦难神学和政治神学四个方法论原则和两个主要教义社群三一论和神义学，从福音派的角度加以分析和评论。

第一节　辩证神学的批判

一　和解与分解

　　康德提供了一个认识论的辩证方法，借此客观性的经验和主观性的先验范畴得以在主体思想的判断里被和解。黑格尔运用这一方法在历史里作为精神的现象学，绝对精神的自身在自然和历史里客观化，并且精神（或译作灵）在人类心灵的反思里和解这一疏离和客观化；这样，精神就通过此辩证和解的过程获得它的自我实现。莫尔特曼的希望神学在前面章节所展示中，运用了这个方法论原则。这是在张力中谋求统一的方法，两个相反的观点被执于张力中，而产生出一个第三方立场的创新性综合。此第三方立场包含了两个相对立场，而又转化和升华了它们，这样它就重新定义和重新定位了两个立场的前提和条件。

比如，在莫尔特曼的社群三一论中，三位形态论和三神论的张力得以和解于"社群寓居"（perichoresis）的统一 —— 神性三位格之间寓居的关系。莫尔特曼致力于理解这个神性的内在统一，而这对他是"最大的奥秘"。[1] 他解决这个奥秘的方案是避免进入"哲学本质主义的范畴"，[2] 并再定位在另一个概念"社群寓居"的焦点上。

本质主义的语言包括一系列词汇术语如：ousia（本体）、substantia（实体）、essentia（本质）、eidos（表相）和 hypostasis（本性）。斯特德（Stead）展示出早期基督教神学的实质语言有几重意思和显著的差别：[3]

（1）大多数基督徒作者认为上帝的存在是确定的，尽管有些人认为他的本质，在一些方面，是有不同意见的，但 ousia 不常被用来意指上帝的存在……

（2）一些作者似乎刻意避免 ousia 的用词，而使用意思相同的 hypostasia。

（3）基督徒作者也受柏拉图的影响，正如非基督徒一样，认为上帝在神性和能力上是 epekeina tes ousias，"超物质"（或"超本体"）……

（4）尽管有些不情愿把 ousia 直接应用到上帝，但明显地没有其他词汇术语更合适；上帝的存在被描写为一个数量、一个质

---

① 莫特尔曼：《犹太一神主义》（*Jewish Monotheism*），第 64 页。

② 莫尔特曼：《三位一体与上帝之国》，第 160 页；也参考克雷格·布莱兴《亚历山大的亚他那修：以对方法的特殊参考反对阿里乌斯的神学内容和结构的研究》（Craig Blaising, "Athanasius of Alexandria: Studies in the Theological Contents and Structure of the *Contra Arianos* with Special Reference to Method"，博士论文，University of Aberdeen, 1987）。

③ 科洛斯多佛·斯特德：《神圣实质》（Christopher Stead, *Divine Substance*, Oxford: The Clarendon Press, 1977），第 157—189 页。

量或一种关系……是没有问题的。

（5）不管怎样，问题不是上帝的存在，而是他有什么的本性。Ousia 通常指向其他范畴所寓居之处……

（6）如果上帝是纯一和不变的，他如何能赋予多样的属性，和一个连续变化的行动和关系……

（7）分辨上帝的实体与其他存在的关系是顺理成章的；或上帝的实体和他的全能，或他以外的作为（ad extra）比较容易；但上帝的实体和他的属性之间建立一个清晰的概念性关系则不容易……①

斯特德断定一些早期基督徒受柏拉图主义影响或以柏拉图式语言表达基督教义是对的。例如，在奥利金（Origen）思想的背景里，以一个上帝作为绝对精神与一个黑暗和易变的物质世界接触，此理解是不一致的。奥利金以柏拉图的底米尔格（demiurge）称为"道"或"理性"，"道"就是耶稣基督，他直接创造了物质世界（斯特德的第三点）。② 奥利金称理性（道）为"神圣"，理性是介于受造物和上帝之间的中保。理性或道在数字上被分别为一个 hypostasis，但奥利金却以 hypostasis 与 ousia 交替使用（斯特德的第二点）。

莫尔特曼主张当迦帕多西亚教父使用 hypostasis 来代替形态式词汇 prosopon 时，他们引进了奥利金的意思，即父在他们的 ousia 里不同于子。试图忠于三位一体的尼西亚信经，莫尔特曼主张神圣 ousia 是不可理解的，只能以关系来谈论。斯特德说："上帝的存在被描写成一个数量、一个质量或一种关系，这没有

---

① 科洛斯多佛·斯特德：《神圣实质》（Christopher Stead, *Divine Substance*, Oxford: The Clarendon Press, 1977），第160—166页。

② 奥利金：Origen, *Comm. In Joann.*, in *Patrologiae Cursus Completus*, series graeca, 161 vols. ed. Jacque Paul Migne（Paris: J. P. Migne, 1857—1887），14: 61—64。

问题（上面斯特德的第四点）。"①莫尔特曼认为，上帝存在的数量和质量描述已降服于"哲学本质主义的范畴"，他试图把讨论重新导向为关系的词汇。

　　然而，莫尔特曼已经把历来用于基督教传统的 ousia 的基本观念重新定位，从本质和属性的理解转移为关系的理解（斯特德的第一点和第四点）。②虽然圣经描写神的本质时，用关系的词汇作为神与以色列和世界的关系，此词汇仍然指着上帝的神学本性。例如，上帝的永恒性被描写为关联于世界的开始："诸山未曾生出，地与世界你未曾造成，从亘古到永远，你是神。"（《诗篇》90：2）③上帝的

---

　　①　迦帕多西亚教父（Cappadocians）对三位一体的辩论作出一个贡献，他们把 ousia 与 hypostasia 分别出来，在上帝里有三位，数字上分别为 hypostases，但在本质或实体（ousia）上不可分。看那兹安泽斯的格里高利（Gregory of Nazinzus），*Oratio* 29，2（Migne：*Patrologia Graeca*，36，75—76）。该萨利亚的巴兹尔（Basil of Caesarea）写道："ousia 和 hypostasis 之间的差别与普通和特殊之间的差别……为此，在神性的里面，我们承认一个本质或实体存在，如此存在就不会有一个可分的定义，但是我们承认特别的 hypostasis，以便父、子和圣灵的概念可不至混淆，且是清晰的。"（Ep.，236.6，Migne：*Patrologia Graeca*）

　　②　德尔图良（Tertullian）铸造了拉丁术语 trinitas 来指示三位一体，他也提供了拉丁词汇 persona，并一致地使用它：父、子和灵是一个实体（unius substantiae）的三个位格（personae），神圣实体是建基三位的基础（即是 sub－stans）。参考德尔图良 Adv. Praxeam，8，Migne：PL 2，163；引用于威廉·希尔（William Hill）《三位格上帝》，35。亚他那修（Athanasius）用 ousia 来指上帝他自己，他说："如上帝是纯一的，正如他所是，接着说'上帝'和用名'父'，我们对他没说出什么，只是表示他的本质，仅此而已。"De Devretis，ed. J. P. Migne，in Patrologiae Graeca（Paris：J. P. Migne，1857—1887），25：415—76。引自约翰·亨利·纽曼《圣亚他那修论文选集：对抗阿里乌斯》（John Henry Newman，*Select Treatises of St. Athanasius：In Controversy with the Arians*，London：Longmans，Green，and Co.，1895），2：455。

　　③　奥古斯丁在《忏悔录》里提到上帝的永恒性和不变性，"你已经告诉我，哦我的主，以一个强烈的声音，灌入我内耳；你是永恒，独一不朽。因你不被任何形状或动作改变，你也不被时间改变，因为任何改变的都非不朽"。（《基督教会的后尼西亚教父》（*Post－Nicene Fathers of the Christian Church*，ed. Philip Schaff），第一系列（1886—88）；重印编辑：Grand Rapids：Wm. B. Eerdmans Publishing Co.，1979），12：11。

不变性被联系描述为上帝的恩赐："各样美善的恩赐和各样全备的赏赐，都是从上头来的，从众光之父那里降下来的；在他并没有改变，也没有转动的影儿。"（《雅各书》1：17）上帝的圣洁被联系于人："那召你们的既是圣洁，你们在一切所行的事上也要圣洁。因为经上记着说：'你们要圣洁，因为我是圣洁的'。"（《彼得前书》1：15—16）

虽然这些神圣属性的总和不构成神圣本体（ousia）的全部知识，但这些属性确实提供了一些对神的认识。此外，它们不是源出哲学本质主义，它们来自上帝在历史中的启示，并记录在圣经里。否定它们对理解神圣本体的意义，会导致不可知论。贝冯克（Bavinck）确认，根据圣经，上帝在他的本质深处于人是不可完全理解的，但人对上帝的属性和工作是可以知道的。[①]对上帝的知识而言，因着他的启示才成为可能，只是上帝并没有向人全部启示他自己，人也不能把握上帝启示的全部内容。尽管这样，人还是基于启示持有一些关于上帝的知识。

当莫尔特曼摒弃了实体的语言，并拒绝基督本质联合（hy-postatic union）的教义，神的本体统一性（unity in ousia）就被神位格的群体寓居（perichoresis）所取代。[②]这个社群三一论的教义，在过去教会历史上有着丰富的传承，譬如：perichoresis 的概念隐含在亚他那修的三位一体概念里。托马斯·F. 托伦斯

---

① 赫尔曼·贝冯克：《上帝的教义》，（Herman Bavinck, *The Doctrine of God*, trans. William Hendriksen, Grand Rapids: Baker Book House, 1977），第 13—82 页。贝冯克是一位 19 世纪末的荷兰改革宗神学家，他在这部著作中为上帝的不可理解争辩正因为他是上帝，然而，圣经确实提供了，不是一个上帝的全面启示，而是一个"上帝的真实和可靠的知识"（第 18 页）。

② 莫特尔曼说，"为了理解在十架上耶稣和他父亲之间所发生的关系，我们必须抛弃两个本质的教义和它所有的上帝概念——形上的、道德的或政治的——那些被假定具有一般效用的概念，我们必须根据三位一体来思考"（《被钉十架的上帝》，《阐释》26，第 3 期 [1972 年 7 月]：288）。

（Thoams F. Torrance）评价亚他那修的三位一体理解时，指出神的三位格在一个上帝本体内"互为内在的"关系。他说："对于亚他那修这个互为内在不仅是独特、有不同特质的三位神圣位格的联系和相互交流，而且是一个完全共有的寓居；在此每个位格，保留他自己为父、子或圣灵。他完全在其他位格里面，正如其他位格完全在他里面般。"①

巴西尔（Basil）确认上帝是"在区分的三位的不可分者"，三位一体的概念被 perchoresis（拉丁文是 circuminsessio 或 circumincessio）的教义进一步加深，即每个 hypostasis 内住于其他两个里。②奥古斯丁在他的心理类比法中，提出记忆、理解和意志的三种心理状况，加添了爱的元素。奥古斯丁以人里面的三一心理状态上相连类推到三一上帝的教义，并且称为人灵里向三一上帝的神秘进升。此进升以爱为主导。③这个思路由 12 世纪圣维克托的里查德（Richard of St. Victor）④和波那文图拉（Bonaventura）⑤的修士神学进一步传承。里查德主张人与人的爱提供了进

---

① 托马斯·F. 托伦斯：《三位一体信仰：古老天主教会的福音主义神学》（Thomas F. Torrance, *The Trinitarian Faith*: *The Evangelical Theology of the Ancient Catholic Church*, Edinburgh: T. & T. Clark, 1988），第 305 页。在第 12 号脚注里，托伦斯说："尽管'互为内在'（coinherence）的实际词汇不是被亚他那修使用，但他进一步发展了上帝互为内在之关系的概念。比较希拉里 *De Trini*tate., 3.1 清晰地声明，三位神圣位格保持他们不同存在和情况，'互为内在，且永久地包含着对方'（3.2–4 & 9.69）。"

② 巴西尔（Basil），*Ep.* 38, 8（Migne：*Patrologiae Graeca* 32. 340）.

③ 奥古斯丁：*The Trinity in Augustine*：*Later Works*，*The Library of Christian Classics*：*Ichthus Edition*，trans. John Burnaby（Philadelphia：The Westminster Press, 1975），第 56—90 页。

④ Richard of St. Victor, *De Trinitate*（Migne：PL 196887—992）；一个批判文本已被吉恩·吕贝拉编辑（Paris：Vrin, 1958）。

⑤ 圣波那文图拉：《到上帝的思想之路》（St. Bonaventura, *The Mind's Road to God*, Itineratium Mentis ad Deum），翻译：George Boas（New York：The Bobbs – Merrill Company, Inc., 1953），第 34—42 页。

入三位一体奥秘的最光明的洞察。①里查德的异象是把上帝作为一个位格的群体，这样他就开启了三位一体的社群模式而非心理模式。

潘能伯格对圣维克托的里查德的批判是尖锐的，同样他对莫尔特曼的批判也是切实的。潘能伯格观察到里查德的三位一体社群教义过分强调神圣位格的自治，以致危害到神圣的统一。②莫尔特曼的社群三一论同样不允许一个神圣本体（ousia）来奠定位格团契的基础。因此，它只是一个渗透关系的联结，神圣统一只是在于关系的交流，他没有如迦帕多西亚教父所确认，神圣实体的统一作为 perichoresis 的基础。莫尔特曼并没有将三位一体的理解推进一步，只是从 ousia 到 perichoresis 的再定位而已。不过，他的观念可以再进一步发展为对 perichoresis 丰富内涵的深层理解，但他不必舍弃本体（ousia）的丰富含义。

二　"道途"神学与"道长"神学

有一次布洛赫（Bloch）用这些挑战性激昂的词汇对一群学生演说："石头睡觉，植物做梦，动物翻腾在睡梦里尽管它们想醒来，而人清醒着。一个伟大的启蒙——一个伟大的觉醒——扫过了世界！时光入侵了主教堂。"③

这个引用给予卡普斯（Capps）一个启发，来为经典有神论

---

①　里查德的三位一体分析见于他的 *De Trinitate* 卷三。卡津斯发现里查德提供了"一个人际关系的全面神学的基本建筑材料"（艾沃特·卡津斯：《一个人际关系的神学》，《思想》45，no. 176，1970 年春：第56—82 页）。

②　沃尔福特·潘能伯格：《耶稣：上帝和人》（Wolfart Pannenberg, *Jesus: God and Man*, trans. Lewis Wilkings and Duane Priebe, Philadelphia: The Westminster Press, 1968），第 181 页。

③　恩斯特·布洛赫：《人被当作可能性》，《希望的将来》（Ernst Bloch, "Man as Possibility", *The Future of Hope*, Walter H. Capps, Philadelphia: Fortress Press, 1970），第 56 页。

和终末有神论作出一个对比的图像。经典有神论好比中世纪的主教堂，它是对称、一致、稳定、和谐、等级、永恒、垂直、超越和结构的，它反映了西方世界的一定文化、社会政治现象。主教堂神学被称为"道长神学"（theologia patriae，意指族长），又称为故土的神学。莫尔特曼继承布洛赫的"觉醒"，以终末有神论发展的神学领域，它就像驶回故土的一艘船，这是"道途神学"（theologia viae），路上的神学。它是非对称、不一致、动态、非和谐、无等级、变化、水平、临在和波动的。一位终末论思想家或一位希望神学家是时间和变革的行动者，而不是永恒的倡导者。卡普斯说得好："作为一个常规来看，当启示被向上引导，并且超越地被置于我们之上，那么神学框架是导向永恒而不是改变。但是，在另一方面，当相同焦距被置于我们之前，在一个将来时态而不是在我们头顶的一个层面上，那么显示的是变化和时间而非永恒。"[①] "道长神学"的不动、永恒和垂直结构转化成"道途神学"的行动、变化和希望的水平历程。

对于莫尔特曼，基督教神学是一个实验神学（theologiaexperimentalis）和一个旅途神学（theologia viatorum）。因上帝天国仍在来临中，任何神学和神学语言必须是实验的和回归故土的。他主张应许模式的启示把我们引向故土，并把我们送上那新现实的路。[②]这个路上语言不再是描述真理的宣告，而是希望的语句。这个启示语言的重新定义作为希望语句，打开了一个不确定和不能控制的启示观点的门户。它只能提供新经验可能性的条件，[③]

---

① 沃尔特·卡普斯：《时光入侵主教堂：希望学派的张力》（Walter Capps, *Time Invades the Cathedral: Tensions in the School of Hope*, Philadelphia: Fortress Press, 1972），第 8 页。

② 莫特尔曼：《宗教、革命和将来》，第 207 页。

③ 莫特尔曼说："基督宣告之话只是可用经验的一个象征性表示。"《希望的将来》，第 158 页。

它不寻求阐明"是"（is）的现实，而是"要来"（is coming）的现实。①它并不描述上帝的本质，而是通往上帝之路。这种语言按着将来范畴转换或其他更有效的神学建构来不断改变。它的终极和最后辨明是在未来的应验，即"终末作证"（eschatological verification）。

为了忠于他的辩证和解方法论原则，莫尔特曼理应以辩证和解的态度来调和这两种类型语言——描述和应许方语句。然而，这在他的体系里不被允许，因为描述语句预设了当前的现实，而对莫尔特曼的体系而言没有当前现实。②现实是历史，而这个历史必须在未来才兑现。这语言是指导过客和旅居者到达故土的一个指标。但深思明辨的人会觉察到，这种类型的语言预设了描述语句，当有人指引其他人到达最终目的地的故土时，此人必须对目的地的故土有所认识，不然它只是盲人带领盲人。路上神学必须预设了一套故土神学的知识。如船驶向母港的类比所指出的，必须存在一座港口，并且到那里的航线是一条确定和可靠的航道。

第二节　终末神学的批判

一　永恒临在和终末应许

莫尔特曼辩证和解方法论原则的另一个应用是启示为应许。为了和解中世纪普遍和永恒临在的上帝观（其实这是巴门尼德形上学的一种形式）和存在主义对上帝临在的直接认识，莫尔

---

① 莫尔特曼：《希望的将来》，第18页。
② 早期莫特尔曼认为仅有当前现实是现在的应许，也就是上帝的应许被当作唯一的当前现实。在莫特尔曼后期，他在晚期著作《创造中的上帝》发展了圣灵的内在作为上帝此地此时的动态临在（第98—103页）。

特曼发展出他的应许启示的观念。他写道："这个上帝的普遍和直接临在不是信仰的来源，而是信仰路上的终点。"①他宣称，存在主义上帝永在的主显为"基督徒希望的讹诈"。②然而，吉尔克（Gilkey）强烈主张："一项上帝在过去和现在及将来普遍临在的肯定对莫尔特曼自己提出的神学立场是必需的，因这是任何有关上帝的言论为理性和一致的基本。"③

　　问题的关键不是在乎语法的时态，这可在莫尔特曼的神义学讨论里得到论证。莫尔特曼试图将问题界定到将来时态，借此避免经典有神论的"尴尬"。莫尔特曼写道："这样'有神—无神'的反差理解不再造成世界和人类的现实，而是从将来的历史性来理解。绝对不是 via eminentiae 或 via negationis，从当前可得的现实推演出来，而是在来临新存在的整体范畴里来思考。上帝将来的能力插入现在，因将来掌控现在。它能逆转过往（罪孽）和现在（死亡）的能力，并在过去和无常的人类境况的冲突中，创造出克服它的能力。如果这样的将来是上帝存在的现在模式，上帝就成为脱离过去和无常的基础和新创的可能性，并通过两

---

　　①　莫特尔曼：《希望神学》，第 282 页。莫特尔曼认为，上帝的永在为巴门尼德的神（第 28 页）和神秘主义的存有（第 30 页）。它是希腊神显（apokalypsis）的观念，而不是希伯来逻各斯（logos）的观念，即上帝的应许（第 41 页）。

　　②　《希望神学》，第 29 页。布尔特曼相关历史的存在意义说，它"总是在现在，当现在被基督教信仰构思为终末现在时，历史的意义就实现了……不要进入普遍历史察看你自己，你必须洞察你自己的个人历史。历史的意义总是处于你的现在，并且你不能作为一名观众来看，而只有以你负责任的决定来看"（《永恒的现在：历史和终末论》，*The Presence of Ethernity: History and Eschatology*，The Gifford Lectures，1955，New York: Harper and Row，1957，第 155 页）。蒂利希顺着同样思路说："将来的秘密和过去的秘密被统一在现在的秘密里。"（《永恒的现在》，New York: Charles Scribner's Sons，1963，第 130 页）

　　③　兰登·吉尔克：《上帝的普遍和即时出现》，《希望的将来：作为终末论的神学》（Langdon Gilkey，"The Universal and Immediate Presence of God"，*The Future of Hope: Theology as Eschatology*，第 81—109 页）。

者，成为世界转化的基础。"①

　　正如莫尔特曼所坚持的，上帝的未来"决定了什么成为现在"和"作为未来的力量"上帝作用于现在，因将来"掌控现在"。那一个"未来的"上帝如何"在发生于世界的每件事里"解除责任呢?②这是经典有神论被无神论者按照现在世界的苦难和非人化的事件所指控的，也正是莫尔特曼以提出上帝属于未来而试图避免的。③反对经典有神论的相同论点亦可用来反对莫尔特曼的未来的上帝，如果上帝是相关适切于将来和希望的基础，那最终他的相关性也是对现在有所适切的。上帝就对现在负有责任，那么神义学的问题就又返回给了莫尔特曼。

　　莫尔特曼把问题误解为一个时态而已，这问题的关键处应该是神主权和人的自由之张力，并且真实面对未来所引申出来的开放。总之，如果神义学争论是无神论者面对人类苦难提出的"上帝是"和"上帝不是"的二分法，那么它就不能以调换为上帝"将是"和"将来"的术语来解除。吉尔克（Gilkey）观察到："因将来与现在或过去一样可被以无神论术语来看，如马克思、列宁、奥维尔（Orwell）或赫尔曼·凯恩（Herman Kahn）所揭示的——'将是'的上帝也被'将不是'的上帝平衡，这样就使任何严肃的神学争论回到现在的领域。"④

---

　　①　莫特尔曼《作为终末论的神学》，《希望的将来》，第11页。
　　②　同上书，第4页。
　　③　罗兰·卢瑟提（Roland Rucetti）从犹太人在奥斯威辛的无辜受苦来反对有神论（《爱的上帝……》，《宗教研究》，*Religious Studies* 2，1967年4月，第255—268页）。相同地，伯特兰·罗素从不公正的出现来反对有神论（《我为什么不是一个基督徒》，Bertrand Russel, *Why I am Not a Christian*, New York: A Touchstone Book, 1957，第13—14页）。阿尔伯特·卡莫斯在非人道主义的基础上反对基督教上帝（Albert Camus,《灾祸》，*The Plague*, trans. Stuart Gilbert, New York: Modern Library, 1948）。
　　④　兰登·吉尔克，前引，第84页。

　　进一步说，如果将来是上帝存在的模式，那么无论何种形式在将来被赋予上帝的终极性、能力、目的和神性也必须在过去和现在被赋予他。这个时间的问题将在下一节探讨，然而，争议始终萦绕莫尔特曼上帝存在的将来模式，因它预先假设了在现今的上帝的超越来达到在将来上帝的实在。莫尔特曼会辩解"新"（novum）并不源起于内在力量的发展或过去的延续及影响。它不是世界和其历史内部的一个可能性，而是对世界、存在和历史一个新的超越可能性。[①]这样，此可能性不是来自世界，也不是内在于世界，它必须源自超越或"终末过程"的超越能力。[②]它是一个"超过将来"的超越，它在 futurum（生成，becoming）的过程之上，并在 adventus（要来的，coming）中被识别为现在。但是莫尔特曼不会辨别这个"超过将来"的超越为过去和现在的上帝，而只是将来的上帝。无论如何，这个将来上帝要求一些现在的超越来实现将来的可能性，这样的"新创造"（nova creatio）才成为可能。上帝没有过去和现在的前提，这是莫尔特曼所否定的，但他在终末论过程中预设为必然的论据。

　　换句话说，需要一个超越上帝来实现成为"前于我们"、"高于我们"和"内于我们"的任务，确实，上帝的超越可被视为他临在的保证。[③] 莫尔特曼在强调上帝的历史性超越上是对

---

　　①　莫特尔曼：《希望神学》，第 179 页。

　　②　同上。

　　③　上帝的临在有不少圣经的教导，《耶利米书》23：24：耶和华说："人岂能在隐秘处藏身，使我看不见他呢？"耶和华说："我岂不充满天地么？"上帝的先验见于《以赛亚书》57：15："因为那至高至上，永远长存，名为圣者的如此说。"（和合本，英译自 NIV）

的，但上帝的宇宙性或形上性超越不该被忽视。① 上帝的超越指的是他在本性上不同于他的创造，上帝的临在是他在宇宙和人类历史内的出现和工作。这两个圣经概念必须保持平衡，高举任何一方都会使正统神学的概念受到亏损的。②

二　终末存在和终末时间

如前面在讨论莫尔特曼的终末存在时所提，莫尔特曼恢复了黑格尔的"否定的否定"（negation of negative），又综合了布洛赫的"辩证潜伏和趋向"（dialectical latencies and tendencies），发展出他自己的终末本体论，即终末论的存在。上帝的存在是"泛在神论"（panentheism）和终末论的，终末是"新创造"（nova creation）的创造过程迈向"身份之故土"，它是参与在上帝无限创造存在中的一个创造，即终末存在。③莫尔特曼承认，"一个十架的三一神学以否定因素感知上帝，并在这个辩证方式里是泛在神论的"。④有资料显示，莫尔特曼的"终末泛在神论"

---

① 米勒德・J. 埃里克森：《基督教神学》（Millard J. Erickson, *Christian Theology*, Grand Rapids: Baker Book House, 1983），1：302—319。

② 这个永在和终末临在的问题首先在杜克大学的 1968 年 4 月 4 日 "今日神学任务" 咨询会议中讨论，那时莫特尔曼在 1967 年至 1968 年期间是访问教授。克里斯多弗・莫尔斯（Christopher Morse）20 年后在纽约的 1986 年 4 月 4 日三一学院会议上以论文《上帝的应许临在》（X7）回应这个问题。莫尔斯的主要论题是莫特尔曼在《希望神学》里理解终末临在为上帝的应许临在，然后他在以后著作《创造中的上帝》继续发展一个圣灵在创造中存在的生态解释为上帝临在的另一个模式。这篇论文发表于《爱：希望的基础，约根・莫特尔曼和伊丽莎白・莫特尔曼—温德尔的神学》，编辑：Frederic Burnham, Charles McCoy, Douglas Meeks（San Francisco: Harper & Row Publishers, 1988）。

③ 莫尔特曼：《宗教、革命和将来》，第 35—37、217 页。

④ 莫特尔曼：《被钉十架的上帝》，第 277 页。莫特尔曼评论说，与基督的相交是与被钉十架基督的苦难相遇，凭什么人融入一个"真实神圣化"（theosis），不是在一个泛神论意义上，而是在一个泛在神论意义上。

相似于但不同于怀特海的"历程泛在神论"。① 两人都同意上帝的"本质"是属现世时间性的。上帝是在时间内也为时间而存在（莫尔特曼运用了布洛赫的 futurum 术语来指明这个生成的过程）。但是莫尔特曼增加了另一因素，即上帝是前于时间的（他命名这一方面为 adventus）。② 他指出，仅仅 futurum 提供不了希望，"因尚未是的迟早会不再是……成长的将来当然为发展和发展中、预计和计划中提供了一个理由和场合；但不是持久的希望"。③ Futurum 只意味着从过去和现在将成为什么。莫尔特曼不是从一个线性前进和连续的观点来重新导向将来的细微差别，而是从将来通向现在的。他说："我们所描述为一个'要来'的事件，不是从现在发展起来的事物，而是以新事物面对现在。"④

莫尔特曼理解时间为终末时间，他宣称这是神学建构的一个崭新范例。⑤ 他试图避免构思时间如米西雅·伊利德（Mircea

---

① 莫特尔曼的终末本体论和怀特海的历程本体论的比较和对照在论文《作为上帝模式的将来：上帝的将来》讨论，两个关键术语是 futurum 和 adventus。Futurum 是"存在的生成和生产的永恒过程"（《希望的将来》，第11—12页）。历程本体论属于这个含义，Adventus 是 parousia，基督在终末的来临。莫特尔曼的终末本体论强调 adventus，但它包括 futurum。这样，它是一种泛在神论而能被归类为终末泛有在神论。

② 莫特尔曼说，"Futurum，或它的等价词，被用于将是什么；adventus，或它的同源词，用于那将要来的。但是英语和德语对它们只敞开一个可能，英语字'future'来自拉丁语 futurum，而德语 Zukunft 相关于拉丁语 adventus（希腊语 parousia）"（《创造中的上帝》，第133页）。有关更详细的阐释，参考莫特尔曼《被当作一个先验新范例的将来》，《创造的将来》，第1—17页。

③ 同上。

④ 同上。

⑤ 莫特尔曼说，"将来成为超越的范例"（《创造中的上帝》，第134页）。他宣称已经沿着海德格尔的思想路线发展了这个范例。他说："在这个意义上，它是历史时间的来源和喷泉，'原始和真实的时间之主要现象是将来。'"（第130页；参考海德格尔，《存在和时间》，第74页）。

Eliade）的循环回归，①或如柏拉图的永恒现在，②或奥古斯丁的创造时间。③他的"关键时刻"（Kairological）概念，④从圣经传统发展而来。他说："圣经传统告诉我们有关在上帝的历史中世上的生活经验和时间，一个被应许、立约、释放、救赎和其他神圣作为所决定的历史……时间从不空洞，它总是'应验的'时间。"⑤

从圣经传统来理解，他声称分别出圣经时间的概念中的五个范畴："1. 适当的时间和恰好的时刻被事件本身决定，每个事件都有它的时间；

2. 历史时间被上帝应许所传送和上帝信实的事件所决定；

---

① 米西雅·伊利德：《永恒回归的神话》（Mircea Eliade, *The Myth of the Eternal Return*, trans. W. R. Trask, New York: Pantheon Books, 1954）；《神话和现实》（*The Myth and Reality*, trans. W. R. Trask, New York: Harper and Row, 1963）。伊利德声称，所有事件都被看作神话、原型事件的反映和重复，并且只有原型才是真实的，这样时间是永恒回归，即原型时间。

② 柏拉图：《时间和标准》（Plato, *Timaeus and Critias*, trans. H. D. P. Lee, Baltimore: Penguin Books Inc., 1965），第50—53页。柏拉图说："在天堂成为存在以前，没有白天或黑夜或月份或年份，但是他规划并在天堂被创造的同时把它们设为存在；因它们都是时间的部分，就像过去和未来也是它的形式，而我们不假思索地把它们归为永恒存在，因我们说它过去是和将会是，但经一个真实计算我们只应该说是，为时间里的改变过程保留过去是和将会是……"（第51页）

③ 奥古斯丁：《上帝之城》，翻译：Marcus Dods, (New York: The Modern Library, 1950)。奥古斯丁评论时间和永恒的本质："如永恒和时间被适当地区分，即没有一些运动和转换时间并不存在，而在永恒里没有改变，如没有一些生物被造就没有时间，因一些运动可以带来变化——运动和变化的不同部分，因它们不能同时，一个接一个——所以，在这些或短或长的持续间隔中，时间将开始么？"（第350页）

④ Kairology来自希腊文Kairos，在希腊后期采纳了一个特殊意思：时间的一点，恰当的时刻，发展的决定性关键时刻。赫尔曼（S. Hermann）观察到"kairos从不是人类决定的时刻，而是一个现世事件及行为的一个巧合，伴随神圣意志成为可能"（《时间和历史》，第118—119页）。

⑤ 莫特尔曼：《创造中的上帝》，第118页。

3. 弥赛亚时间被弥赛亚的来临和这个世界的短瞬时间中新创造的序幕所决定；

4. 终末时间被在历史时间所应许的和在弥赛亚时间所揭幕的普遍应验所决定；

5. 最后，永恒时间将是在神圣荣耀中的新永恒创造的时间。"①

莫尔特曼的"历史—终末时刻论"②代表了一种严谨的尝试，去建构一个基于应许、立约和释放的圣经范畴作为时间的概念。它不是一个时间的哲学思索。这样，它提供了古老问题"时间到底是什么"的一个新颖面貌，时间在这个"历史—终末时刻论"的庞大规划中是"历史的"、"将来的"和"综合的"。③这个时间的历史概念是可以被肯定的，但时间的客观现实、时间的主观经验和它与永恒的关系仍需要更多的研究。现实主义者会争论世界上时间的客观现实。④时间，被构思于世界的历史中，是真实的，这个概念是奥古斯丁所构想的创造时间，时间不与上帝共永恒。⑤不管人们是否感觉到时间，时间依然如白驹过隙般流逝。

---

① 莫特尔曼：《创造中的上帝》，第 124 页。

② 莫特尔曼对"kairology"的运用不同于蒂利希（Paul Tillich）的历史"kairos"理论。对于蒂利希来说，"kairos"是"时间的完成"，它"描述了永恒闯入时间内的时刻"（《新教时代》，*The Protestant Era*, trans. James Luther Adams, Chicago：The University of Chicago Press, 1857, xv: 32–51）。

③ 《新教时代》，第 124—139 页。在这些章节里，莫特尔曼在社会生态学问题上发展了时间的历史化、将来化和综合化的过程。

④ 约翰·彼得森：《现实主义和逻辑原子论：以经典现实主义观点对新原子论的批判》（John Peterson, *Realism and Logical Atomism: A Critique of Neo-Atomism from the Viewpoint of Classical Realism*, Alabama：University of Alabama Press, 1976, 第73—100页）辩论真实世界的存在与真实时间。

⑤ 奥古斯丁说："你没有一段时间不在作工，因为你创造时间本身，并且没有时间与你共永恒，因为只有你才是永远长存……"（《忏悔录》，11.14）

　　然而，这个对时间的感知是一个主观经验。康德著名的空间、时间和因果性的二律背反（antinomies）主张时间的主观和先验的本质，时间是人意识思想的先验范畴。[①]莫尔特曼在分别"现在将来"和"将来现在"时看来承认这一点，[②]然而，他的时间圆环—终末概念需要处理康德把时间视作"先验"作为思想的一个范畴。进而，莫尔特曼未能解决时间和永恒的关系，莫尔特曼断言："历史概念的时间不能与单线一维时间的概念共存。"[③]有一个与其他时间框架的相互作用和交错，不仅有一个时间矩阵（matrix），也有一个时间互相锁定的网络。在这个网络里，时间总是被将来的优先权决定，成为"原型和真实的时间"（海德格尔的术语）。[④]莫尔特曼指出："上帝的存在就是他的到来（coming），不在于他的生成（becoming）。"[⑤]莫尔特曼的终末时间观决定上帝的终末存在，将来在于上帝的本质，莫尔特曼的终

---

　　①　康德争辩道："时间不是某件自身存在的东西，或如一个客观决定存在于事物中……时间是所有出现的先验条件……这是所有组成时间的先验理想。"（《纯粹理性批判》，第 76—78 页）

　　②　莫特尔曼说："类比地，我们必须分别现在将来（作为一个希望、恐惧和分歧目标的想像领域，具有一个已经定义和尚未定义可能性）和将来现在（从这些发展出来的现实）"（《创造中的上帝》，第 129 页）。

　　③　莫特尔曼，《创造中的上帝》，第 128 页。

　　④　海德格尔：《存在和时间》，第 72 页。这个时间网络的概念相似于麦克塔格特（McTaggert）所称的时间的 B - 理论（比较威廉·莱恩·克雷格的《神圣预知和将来偶然性》），《过程神学》（William Lane Craig，"Foreknowledge and Future Contin-gency"，*Process Theology*，Ronald Nash，Grand Rapids：Baker House，1987，第 98—99 页）。它也可比较于怀特海的事件的同时性（contemporaneity）（《过程与实在》，第 121—122 页）。福音派关于这个时间和空间的网络或连接概念的卓越讨论，参考罗伊斯·戈登·格伦勒的著作《无穷无尽的上帝：圣经信仰和过程有神论的挑战》（Royce Gordon Gruenler，*The Inexhaustible God：Biblical Faith and the Challenge of Process Theism*，Grand Rapids：Baker Book House，1983，第 75—100 页）。

　　⑤　莫特尔曼：《创造中的上帝》，第 133 页。

末论时间难于同圣经里上帝是永恒的肯定相统一。[1]上帝在时间中行动，但是他的本质不是在时间内流转的。[2]莫尔特曼专注于上帝在应许和应验中的历史作为，导致他忽视圣经对上帝的永恒肯定，上帝根本不生活在一个时间系列里，路易斯说得好："上帝没有历史，他是完全的及彻底的真实，以致他没有历史。当然，拥有历史意味着丧失你部分的真实性（因为它已经滑入过去），而还未有另一部分（因为它仍然在将来）；事实上一无所有，但只有现在的微小少许。当你谈及它时，它已经不存在。上帝禁止我们不应该设想上帝就像那样。"[3]

实际上，正是威廉·汉密尔顿（William Hamilton），上帝死亡神学的提倡者，谴责了莫尔特曼将上帝的模式当作将来的概念，他写道："莫尔特曼的工程带来一个根据将来的上帝教义的重新定义。神学上，这与他的新约释经一样可疑，它伴有一个语言学托词，在此它引诱我们从黑格尔或马尔库塞的超越转移到基督教概念的超越上帝，而这是一个不被允许的转换。如果我能正确理解莫尔特曼的上帝，根据未来而

---

① "因为这是伟大崇高的那位所说——他永远生存，他的名字是圣洁"（《以赛亚书》57：15，新国际版）；"诸山出生以先，你未曾展示地与世界，从永远到永远你是上帝"（《诗篇》90：1，新国际版）；"现在，父啊，以你的出现荣耀我，就是在世界开始以前我与你的荣耀"（《约翰福音》17：5，新国际版）；"愿荣耀、王权、能力和权威通过圣主耶稣基督归给独一的上帝我们的救主，从亘古、现今直到永远！阿门"（《犹大书》25，新国际版）。

② 贝科夫定义永恒为"上帝是完美的，凭此他升上所有俗世限制和所有时间流转之上，并在一个不可分的现在里拥有他全部的存在"（贝科夫《系统神学》，L. Berkhof, *Systematic Theology*, Grand Rapids：Wm. B. Eerdmans Publishing Co., 1978, 第60页）。

③ 路易斯：《时间和超时间》，《纯粹基督教》（C. S. Lewis, "Time and Beyond Time", *Mere Christianity*, New York：Macmillan Publishing Co., 1952），第148页；也参考 Brain Dale Schrauger《C. S. 路易斯著作里的时间哲学》（神学硕士论文，Dallas Theological Seminary, 1982）。

重新界定，这根本不是一个基督教上帝，而是一个偶像。故此，莫尔特曼以基督教为代价窃取了有神论，这是一个完全合法的运作，只要他知道他所做的是什么；毕竟有那些人，以有神论为代价窃取了基督教。"①

第三节　苦难神学批判

一　"空情论"与"悲情论"(Apathos and Pathos)

如第二编所提，莫尔特曼将经典有神论列为"以人为代价构成一个全能、完美和无限的上帝，不会是耶稣在十架大爱的上帝"。②他的神义学解决方案是提出一个受苦于他儿子和世界苦难的悲情上帝，如基督的十架，甚至奥斯威辛是在上帝里面，这样上帝就以苦难克服苦难，以伤口抚平伤口，以死亡战胜死亡。他说："上帝在奥斯威辛里和奥斯威辛在被钉十架的上帝里——那是一个真实希望的基础，它拥抱和克服了世界，是比死亡更强大，并能支撑死亡的慈爱基地。"③

如果有神论的上帝实际上是一个没有恩情，亦不同情人类苦难的上帝，那莫尔特曼是对的。没有人会被一个不感动的感动者所感动；没有人会去爱一个丝毫无爱的人。④ 十字架作为神义学的一个解决方案不仅是一个可能方案，而且是一个相关适切方案，人类苦难是生活的事实，苦难遍地都是，它看来属

---

①　威廉·汉密尔顿（William Hanilton）：《约根·莫特尔曼〈宗教、革命和将来〉评论》，《今日神学》27（1970年4月），第95页。

②　莫特尔曼：《被钉十架的上帝》，第250页。

③　同上书，第278页。

④　莫特尔曼认为亚里士多德形而上学的"不感动的感动者"为哲学神学或神学哲学。他将古代神学分为神话神学（早期斯多亚学派）、政治神学（晚期斯多亚学派）和自然神学（亚里士多德）。参看《被钉十架的上帝》，第65页。

于人类生活的深层结构。苦难的彻底表现是死亡，而死亡为一切人类所共有，基督在十架受难和他最终死亡的信息被当作人类苦难和死亡的一个解决方案，将毫无疑问地打动人心。[①]它不仅显示了上帝的爱，而且显明基督为人类所受剧烈苦难的痛苦。然而，当莫尔特曼和新经典有神论者提出十架神学的事例时，他们经常误用有神论概念。莫尔特曼在叙述基督受苦时说："这个对基督在西里尔（Cyrie）为悲哀呼喊的理解是在'空情'（aptheia）公理前的一次最后撤退。也根据托马斯·阿奎那，苦难只是一个关于假定的和能够受苦的人类本性的神圣本质之推测（Suppositum）；它不相关于神圣本质自身，因为他不能受苦。"[②]

进而，莫尔特曼认为，反对托马斯概念的"完全行动者"（actus purus），从亚里士多德时代上溯，源于此形而上学原则就是神无悲情的上帝（theos apathies），与"完全行动者"（actus purus）和纯粹因果律一样，没有东西可发生于上帝，使他受苦。[③]

关于莫尔特曼对托马斯概念的上帝为被动、疏离、静止和冷漠不关心的批判，希尔（Hill）观察到："莫尔特曼看来根据亚里士多德的'不动的运动者'看待传统无悲情的上帝，而没有注意到这样一个概念在中世纪神学中的激进重建。"[④] 这个有关亚

---

① C. S. 路易斯引用约瑟·麦克唐纳德于《痛苦的问题》的开篇（New York：Macmillan Publishing Co.）："上帝之子受苦直到死去，不是人不可以受苦，而是他们的苦难可以像他一样。"

② 莫特尔曼：《被钉十架的上帝》，第 229 页。

③ 同上书，第 268 页。保罗·施林（Paul Schilling）追溯"父权苦修主义"（patripassionism）的历史发展从 2 世纪的苦修士（Praxeas，Noetus 和 Sabellius）到现代，并总结它来自柏拉图—亚里士多德思想的不变的绝对和不动的运动者（《上帝和人类苦恼》，*God and Human Anguish*，Nashville：Abingdon，1977，第 248—251 页）。

④ 威廉·希尔：《三位格上帝》，第 171 页。

里士多德主义的中世纪神学激进重建是一个把存在作为本质行动的思维。希尔引用《神学大全》："在每样被造事物里本质是区别于存在（esse），并且对比后者，前者是行动的潜力。"①进而，他引用《反异教大全》，关于神圣存在为行动的提法："存在……是一个行动的名字，因一个事物说成是存在，不是因为它在潜力中，而是因为它在行动中。"②

是否同意希尔对托马斯主义 actus purus 的阐释不是关键问题，对上帝受苦问题的争执部分归因于神格和神性的混淆。圣经显示上帝在他的本质（ousia）中不是时间性的（《雅各书》1∶17），而是永恒的（《诗篇》90∶2）。上帝的"非时性"和永恒性保证了他联系人时的不变性和一致性。虽然，上帝在他的本性里是不可变的，他却在理性上、情感上和意志上与人相连。上帝神格的情感在圣经里比比皆是，③位格是情感、理智、意念和意志的主体中心。父感受到子在十架上为世人而"被遗弃"的痛苦，子感受到在十字架上"被遗弃"的悲怆。倘若上帝的悲情以此意义来理解，那么经典有神论与莫尔特曼完全一致。

当莫尔特曼和新经典有神论者拒绝实体语言，结果只有两个选择：无悲情的神学和悲情神学。圣经有神论却宣告上帝在

---

①　威廉·希尔：《三位格上帝》，第259页。在沙利文（Sullivan）的翻译里，引用语读作："但是在每个创造物中，本质不同于存在，并且相关于它如力量相关于行动。"（《神学大全》，*Summa theologiae*，Chicago：Encyclopaedia Britannica, Inc.，1952，第287页）

②　同上书，《反异教大全》（*Summa Contra Gentiles*, ed. Anton C. Pegis , New York：Image Books, 1955），1∶22.7。

③　圣经的上帝是一个理智的（《创世记》3∶8—21；《约伯记》38∶1—41；《哈巴谷书》2∶1—3），情感的（《创世记》6∶5—8；《民数记》11∶1—3；《路加福音》19∶41—45）和意志的（《罗马书》8∶28—30；《哥林多前书》12∶11；《帖撒罗尼迦前书》5∶16—18）联系人的神格上帝。

他的神圣位格里感受到人类的忧伤痛苦，这就是罪的问题。圣父上帝憎恨罪恶，而他的震怒常在不悔改的罪人身上。[①]子在十字架上为世人的罪流露出他的极痛的悲怆，[②]并且圣灵也为世人的罪恶忧伤悲哀。[③]因此，上帝在父、子和圣灵的永恒神格里联系于人。

　　当基督死在十字架时，是三一上帝的第二位格受苦和死去，融于这个代赎至死的位格是神—人——耶稣。沃尔夫德（Walvood）评论道："这样至上的联合是一个位格和本质的联合，在此基督是一个位格，不是两个，而且永远保持人和神本性的不变性格。"[④]这是一个联合位格，于此救赎的牺牲包括了他的人性和神性，它不是人性或神性一方的功能，而是一个联合的位格。[⑤]

---

　　① 《罗马书》1：18："上帝的愤怒从天上显明在一切不虔不义的人身上，就是那些行不义阻挡真理的人。"（《罗马书》）5：9—10："现在我们既靠着他的血称义，就更要藉着他免去上帝的愤怒。因为我们作仇敌的时候，且藉着上帝儿子的死得与上帝和好；既已和好，就更要因他的生得救了。"

　　② 马太记录了耶稣在十字架上作凄凉痛苦的死亡呐喊：从午正到申初，遍地都黑暗了。约在申初，耶稣大声喊着说："以利，以利，拉马撒巴各大尼？"就是说："我的上帝，我的上帝，为什么离弃我？"（《马太福音》27：45—46）

　　③ 保罗在《以弗所书》4：30说："不要叫上帝的圣灵担忧，你们原是受了他的印记，等候得赎的日子来到。"

　　④ 约翰·F. 沃尔夫德：《耶稣基督我们的主》（Chicago：Moody Press，1969），第115页。如前所提，莫特尔曼拒绝本质联合的语言（《被钉十架的上帝》，《阐释》26，1972年7月，第288页）。

　　⑤ 《约翰福音》1：14："道成了肉身，住在我们中间，充充满满的有恩典有真理。我们也见过他的荣光，正是父独生子的荣光。"《加拉太书》4：4："及至时候满足，上帝就差遣他的儿子，为女子所生，且生在律法以下。"《提摩太前书》3：16："大哉！敬虔的奥秘，无人不以为然，就是：神在肉身显现，被圣灵称义，被天使看见，被传于外邦，被世人信服，被接在荣耀里。"这些经文暗示了耶稣的神性和人性，而清晰指向一个独一主体。参考米拉德·J·埃里克森《基督教神学》第二卷（Millard Erickson，*Christian Theology*，Grand Rapids：Baker Book House，1984），第725页。

他以一个无罪的人性来与全人类认同，并且死在十字架上，基督之死对整个人类种族的救赎都具有充分的价值。①他的死无与伦比，埃里克森（Erickson）清晰地总结这一点道："作为上帝，耶稣不必要死，死去时，他做了一件上帝从不必要做的事情。因为他是无罪的，他不需要为他自己的罪去死而付赎价，因他是一个不必要死的无限存在的缘故，他的死可以为全人类的罪付出赎价。"②

基督的死对于他为人代赎而言，他的人性意义重大；对于足够成为人类救赎而言，他的神性也有重大意义。不过，三位一体的所有三位格都参与在十字架的悲情中，父因丧失子而受苦，就如子因被父抛弃而受苦，圣灵为人类的失丧和不信神而悲哀。

二 定位与定向

为回应无神论借人类的苦难所发出的挑战，坚称"上帝死了"的形上学攻击，存在主义神学家的非历史性相遇，马克思主义者对宗教的社会—政治性批判，历程神学家的上帝世俗化和奥斯维辛后的犹太人呼喊，莫尔特曼提出希望神学作为一个相关适切的回答。在一定程度上，他的神学方法是对以上所提的挑战作出一个回应，他的回应是将神学从过去和现在再定位到将

---

① 一个很好的基督论历史纵览是威廉·M. 汤普森的《耶稣争论：一个纵览和综合》（William M. Thompson, *The Jesus Debate: A Survey and Synthesis*, New York: Paulist Press, 1985）；也参考理查德·N. 朗杰尼克《早期犹太基督教的基督论》（Richard N. Longenecker, *The Christology of Early Jewish Christianity*, Grand Rapids: Baker Book House, 1970）。

② 同上书，第804页。

来。①所以，与其使用"重新"（re - characterization）的描述，他使用"前瞻"（pro - characterization）的描述，与其"反应"（re - sponse），莫尔特曼建议"预应"（pro - sponse）；不是"反作用"（re - action），而是"预作用"（pro - action）；不是"缩回"（re - traction），而是"伸长"（pro - traction）；不是"重新定义"（re - definition），而是"前瞻定义"（pro - definition）。②它不是一个关于过去"追溯的"（re - vision）强调，而是"前瞻性"的；也不是对现在"反应的"（re - formation）关注，而是为将来"透视的"（pro - formation）关注。莫尔特曼说："这样它将在期望将来的基础上，并且根据历史持续地努力理解世界。"③

---

① 莫尔特曼的神学方法是被当代神学家使用方法中的一个，这些方法都有它自己的合法性和限制。穆勒（Mueller）的分类，包括先验的、存在的、经验的和社会现象学的方法已在第一章提及。大卫·特雷西（David Tracy）把神学方法分成托马斯主义的相符模型，一致模型［托马斯·托伦斯（Thomas Torrance）的"严格"一致和里赫德·尼布尔（Reinhold Niebuhr）的"大概"一致］，经验模型（"弱力"存在主义模型和"强力"本体论模型），揭示模型［伊恩·拉姆齐（Ian Ramsay）的语言学模型和海德格尔的揭示—隐藏］，实践或转化模型（通过革命的转化——莫尔特曼、默茨，或宗教意义的转化——伯纳德·朗勒甘，Bernard Lonergan）。参考大卫·特雷西《秩序的祝福愤怒》（David Tracy, *Blessed Rage for Order*, New York: Seabury Press, 1975），第120—124页；《相似的想像：基督教神学和多元主义文化》（*The Analogical Imagination: Christian Theology and the Culture of Pluralism*, New York: Crossroad, 1981），第62—63页。对当代神学方法的比较研究会有帮助，但它超出了本书的范围。

② 这个正字法是传输莫尔特曼意图的一个尝试，他说："将来对比于一个否定现在的经验是 re - 'pre' - sented 和 'pro' - mised（《希望神学》，第215页），重点放在音节 pre 和 pro（德语 vor）意味着代表和应许在字面意义上对照将来事物的预先概念。"在另一段里，莫尔特曼说："创造生命和呼唤信仰的道是 pro - clamation 和 pro - nouncement。"（第325页）从此，pro - characterizatioin 被用来代替 re - characterization。

③ 同上书，第289页。

　　因将来不同于"不再"（no‐longer）和"已经"（already）的现实，它是"尚未"（not‐yet）的现实可能性的新创造（novum）。它不是一个永久、稳定、垂直和结构的"主教堂"（cathedral），而是一个变化、动态、水平和移动的在路上驶向故土的"巡洋舰"（cruiser）。因此，莫尔特曼的神学不同于强调觐见上帝的真相和永恒真理的所谓"家乡神学"（theology of homeland），他的神学被称作强调上帝的将来可能性和现在社会的世俗转化的"道途神学"（theology of the way）。这是被压迫者在革命中反抗非人化的希望，这样一个功能是终末的、弥赛亚的和宣教的教会功能，它与被蒙难于非人化的被压迫者并肩共进的朝圣者。这个教会的社会—政治功能，与身处"无神"（godlessness）社会的人们认同，这是受难于十字架"神弃"（godforsakenness）的基督弥赛亚角色的一个反思。这也是莫尔特曼对赋以社会—政治形式的神义学问题的解决方案。

　　再者，被钉十架的基督显示了上帝的悲情，神性的内部三位一体社群的关系。子在十字架上作为"神弃"（godforsakenness）的那位为"无神"（godlessness）社会的人们受苦；父因他儿子在十字架上的凄凉而受苦，圣灵在自然界中的终末临在里对人类生态问题作出了一个回答。莫尔特曼的社群三一论是基督教的内在意义，即基督教神学的身份。

　　神义学和身份两者组成了莫尔特曼神学反省的结构，他以四个方法论原则回答这些问题：辩证和解（辩证神学）、终末论神学（终末神学）、被钉十架的上帝（苦难神学）和革命性的转化（政治神学）。与其从永恒上帝垂直下降，莫尔特曼提倡水平途径，并将上帝最后的辨明推迟到将来。同时，神学家应当开始于人类苦难和非人化的社会—现象学分析，作为"无神"社会的人们的认同；然后，他应该通过基督在十架上"神弃"的否定辩证进一步思考。这样，一个朝圣者的积极辩证就建基于在社群三一论的上帝的悲情上。以这样一个上帝的观点，教会认同被压迫者在他们反抗非人化的奋斗。

莫尔特曼的神学有几个因素值得肯定和欣赏。不依赖于哲学神学或存在主义神学，莫尔特曼试图在圣经神学的基础上构建希望神学。[①]他反对存在主观主义和历史实证主义（historical positivism），他认为一个在历史中没有相应现实的存在主义，如此阐释人生与信仰是没有帮助的。再者，个人经验的主观主义是非历史性的，只迫使神学进入一个历史实证主义和存在主义的理性二元论中。他描述历史实证主义的特性为在历史事件的"封闭因果链"的基础上来判别历史传统的对或错，"封闭因果链"不允许哲学、艺术或宗教有一个可书写的历史，封闭式的因果历史链通过一个教条式的判决事先限制和僵化了材料，只能抓住一部分历史的主题事件。对于莫尔特曼，历史不处理一个僵化过去的事实，而是拥有一个开放的 fieri（存变生成，becoming）。基督的启示不取代历史研究，而是展现历史是上帝话语工作的有效舞台（Spielplatz）。[②]

上帝的有效话语工作于应许—应验的历史主题，它是人类希望信息的基础，这是超越一个人死后的希望，它是反对非人化的社会—政治和革命转化的当今希望。基督教确实承认基督教信仰的社会向度，然而，莫尔特曼的社会—政治议题把基督教信仰退

---

① 莫尔特曼所依靠进行释经的圣经神学家，并不全部为福音主义者赞同。一般来说，神学家如冯·拉德（von Rad）、茨莫里（Zimmerli）、诺付（Noth）、凯斯曼（Kasemann）和库摩尔（Kummel）被福音主义者认为在圣经权威方面较弱并在圣经批判方面无反批判力，他们中的大多数同意某些形式的圣经批判。

② 有关一个历史批判方法的讨论和莫尔特曼对此的批判，参考埃德加·克兰茨《历史批判方法》（Edgar Krentz, *The Historical - Critical Method*, ed. Gene M. Tucker, Philadelphia: Fortress Press, 1975, 81 - 86）和吉哈德·梅勒《历史批判方法的结束》（Gerhard Maier, *The End of the Historical Critical Method*, trans. dwin W. Leverenz 和 Rudolph F. Norden, St. Louis: Concordia Publishing House, 1977）。

减削弱为个人和社会生活的现世的、这个世界的、世俗的、物质的和人文的向度；他失于未能提供天堂和地球、彼世和此世、精神和肉体、私人和公众、个人和社会方面的一个平衡的及整体的圣经透视。① 换句话说，实践不是神学和信仰的唯一测验，革命也不是人性化和解放的唯一手段。

解放与和解应当在圣经意义上被理解，它是耶稣的救恩论而非社会学的意义。基督在十字架上受苦的信息和他作为人类苦难和死亡的一个解决方案，能明确地打动一个人的心。圣经有神论不表现上帝为"不动的推动者"或"不爱的施爱者"，三位一体的三位格包括在十字架的悲怆经历中，父为丧失子而悲痛，子为遭父抛弃而悲恸，而圣灵为世界的罪而悲哀。基督的死关于他的人性（代替赎罪）和他的神性（赎罪功效）都意义重大。

本体（ousia）或实体语言不需要如莫尔特曼所做的，为了沟通上帝的指示，被牺牲掉。上帝的本性是永恒，这意味着超越时间。存在于永恒的上帝可以"在我们之上"，"在我们之内"，也"在我们之前"。他的超越确证了他的临在。上帝在他的本性里没有一部历史，"不再"和"尚未"不是他本性的部分，圣经并没有宣告上帝本性的辨明是在终末的，上帝不是"他将是他将是的"，而是"自有永有的"，他是永恒的现在。莫尔特曼对实体语言的抛弃，导致他再定位三位一体的教义；三位一体不在上帝本体统一的基础上，而在神圣群体的交流（神群寓居，perichoresis）的基础上。亚他那修和迦帕多西亚引进了三位一体和"神圣群体"（perichoresis）的语言，而他们不否定神性在他本体中的统一。莫

---

① 亚瑟·洛夫乔尔的著作《存在的伟大锁链：一个思想的历史研究》（Arthur Lovejoy, *The Great Chain of Being: A Study of the History of Idea*, Massachusetts: Harvard University Press, 1964）提供了关于这个从彼世到此世的范畴转移和西方哲学传统中存有（Being）的变化（Becoming）的极好的历史研究。

尔特曼强调神性的交流方面确是基于神圣群体的丰富概念，但这不需要以损失另一个本体的丰富概念为牺牲代价。

第四节　政治神学的批判

一　整体论和整顿论

莫尔特曼确实击中基要派、保守派和福音派的一些基本缺乏的地方，这是基督教社会的、经济的、政治的、生态的和种族的向度。福音遍传天下与抗衡社会的罪恶和非人性化，两者不是鱼与熊掌的抉择。对于莫尔特曼而言，信仰和祈祷的"垂直向度"与爱邻人和政治变革的"水平向度"之间不存在两者择一的情况；也没有"耶稣论"和基督论、耶稣人性和神性之间的任何两者择一，"两者都在十字架上得以结合"。①这是考虑全人、全部、整全基督教信仰的全方位观点。莫尔特曼只提出五个部分：经济的、政治的、种族的、生态的和个人的方面。精神或灵性方面则没有被提及，尽管它可能置于个人方面之下被考虑，但是此个人生活被定义为"确保抗衡无悲情的社会"。②精神和属灵几乎整个遗忘，其直接结果是一个只关注人类个人和社会生活的地球的、此世的、暂时的、物质的和人文主义的神学。

为了真正的整体性，精神和肉体、属灵与属体、天堂和地球、此世和彼世都需要平衡地考虑。莫尔特曼所谓现实的整体性观点变成了简化性及减退性，现实仅是这个世界的，只关注地球的和人文主义的。他声称他的神学是一个"路上的神学"，但是

---

① 莫特尔曼：《被钉十架的上帝》，第22页；有关福音化和人性化、信仰的垂直和水平尺度的整体论观点，参考汉斯·舒瓦兹《约根·莫特尔曼被钉十架的上帝回顾》，《路德宗季刊》27（1975年5月），第183页（Hans Schwarz, "Review of The Crucified God by Jurgen Moltmann", *The Lutheran Quarterly*）。

② 莫尔特曼：《关于人类尊严》（*On Human Dignity*），第110页。

哪里是"故土?"他的方法论原则是辩证和解,但哪里是相关于俗世的天堂?哪里是相关于此世的彼世?如果新教虔信派被批评倾向于指向天堂,那么希望神学可同样被批评为倾向于指向俗世。一个真正的辩证和解将考虑俗世和天堂、此世和彼世、肉体和精神、私人和公众、单独和社会的方面。进一步地,路易斯敏锐地观察到:"但是你问俗世的什么?俗世,我想,将不会被任何人发现结果是在一个非常不同的地方。我想俗世,如果选择代替天堂,将变成自始至终只是地狱里的一个地方:而俗世,如果被置于天堂之后,那已经从开始就是天堂自身的一部分。"①

二　实践和实则

莫尔特曼的政治神学以人类苦难的具体经验来避开玄思的神义学。政治神学不仅仅被认作希望神学的附录,它是穿透其神学的终末论观点的重要部分,它在以前基督教神学守旧的形式里占据了自然神学的位置,因神义学已失去了它的宇宙论形式。今天,罪恶和苦难的问题已经成为一个政治议题,神学的具体基础不再由一个普世本体学或一个宗教经验现象学所组成,而是由政治和社会实践组成。②它促使所有神学都批判地意识到它们的社会和政治范围,它是一个提供基督教神学家和机构,关注社会学、心理学和政治学的神学概念及象征意义的社会—现象学方法。对于莫尔特曼,政治神学作为一个方法论原则是十架神学的拓展,他自称这是路德的格言 crux sola nostra theologia(唯有十字架是我们的

---

① 路易斯:《伟大的分离》(C. S. Lewis, *The Great Divorce*, New York: Macmillan Publishing Co. , 1946),第 7 页。

② 约翰·巴普蒂斯特·默茨《历史和社会中的信仰》(Johann Baptist Metz, *Faith in History and Society*, trans. David Smith, New York: Seasbury Press, 1980),第 51—58 页。默茨是那些把实践放在基督教神学根基的首位神学家的代表,这种基督实践也是一种社会实践。

神学）。出于上帝认同被钉十架所受痛苦的深度，基督徒们应该敏感于社会上的割裂和丑闻、激进邪恶和社会无可言说的苦难。

莫尔特曼批判话语神学想从教会解放自己投入世界的作法根本上是无能，并建议对神学和信仰的唯一合适标准是实践，这种实践方法论是一个马克思主义的宗教批判和一个人类自由的革命。①莫尔特曼说："神话批判的激进结果不是存在主义的解释，而是当前境况内的自由革命的实现。"②

这种类型的神义学，依靠一个马克思主义和费尔巴哈主义的宗教批判学，也名为护卫人类自由的人义学（anthropodicy），并不是一个在它自己基础中为上帝的公义很好的护卫者。运用攻击破坏有神论的原则将最终亦会破坏莫尔特曼的"终末有神论"。莫尔特曼的政治神义学将倒回玄思神义学或者被马克思的人文主义所击败。③莫尔特曼应该记得马克思的警告："对宗教的批判终

---

① 实践神学家们为真理经常运用一个转化模型，神学真理最终建基在人类主题的真实的和转化的实践上，融入实践是信仰实践，它转化个人的、社会的和历史的实践。在美国哲学传统的实用主义里，强调的是威廉·詹姆斯（William James）的个人实践和约翰·杜威（John Dewey）的社会—历史实践。参考威廉·谢伊《马太·拉姆的理论—实践的五个模型和约翰·杜威实用主义的阐释》，《天主教神学社会美国学报》（William Shea, "Matthew Lamb's Five Models of Theory—Praxis and the Interpretation of John Dewey's Pragmatism", *Catholic Theological Society of America Proceedings*, 1977）：125 – 42；约翰·克勒曼《美国神学的远见和实践》，《神学研究》（John Colemann, "Vision and Praxis in American Theology", *Theological Studies*, 1976），第3—40页。

② 莫特尔曼：《宗教、革命和将来》，第95页。莫特尔曼在当前情况下对人类自由的追求类似于人的乌托邦欲望，黑格尔的权利哲学是一本人类自由的教义，布洛赫的希望原则是一项自由王国的弥赛亚远见，而马克思的资本论是一次为人类自由的革命。

③ 米格利奥里（Migliore）说得好："莫特尔曼所提倡终末过程的三位一体上帝之历史，提升与转化造物苦难历史能否被防止滑入一个玄思神义学，这是他的神学困难处。"（丹尼尔·L. 米格利奥里《约根·莫特尔曼被钉十架的上帝回顾》，《今日神学》32, 1975年4月），第104页。

止于人是人的最高存在的教义，所以它结束于，推翻所有那些人是一个被贬低的、被奴役的、被抛弃的、可鄙存在的强制性范畴。"①

三　革新和革命

莫尔特曼以政治的角度来阐释十架神学，借此揭露判别社会上一些宗教的理据，不管它们是多么压制。这是一个向贫穷、暴力、种族歧视、环境污染和现代普遍的虚无经验的恶性循环作出的社会—政治议程。这些有害的、非人性状况是欧洲的工业化资本主义和美国的技术统治论的特征。②政治神学是介于回避社会问题及盲目革命之间的一个中间基地，它强调当前转化；这个转化经常出现在系统基础之上的革命形式。莫尔特曼直接断言："我们生活于一个革命环境，将来我们将越来越多地如革命般经历历史，我们只能以一个革命的方式对人类的将来负责。"③

如前面所指出的，革命将面对反应，根据莫尔特曼，这样的反应会伴随带有暴力的"反—反应"。然而，要点不是有暴力或无暴力，武装或无武装，流血或无流血，莫尔特曼声称这是一个正义或非正义使用军队、暴力、武装和流血的问题。莫尔特曼指出，暴力的正当理由是基于最终目的和结果。

---

　　①　卡尔·马克思：《黑格尔法哲学批判导言》，《马克思—恩格斯读者》，编辑：Robert C. Tucker（New York：W. W. Norton & Co.，1972），第18页。他说："宗教是被压迫生灵的象征，一个冷漠世界的情操，一个没有灵魂境况的灵魂，它是人民的鸦片……作为人类虚幻幸福的宗教的废除是一个对他们真正幸福的要求……它是历史的任务，所以，一旦真理的彼世消失，就将建立此世的真理。"（同上书，第11—12页）
　　②　威廉·汉密尔顿：《今日神学》27《1970年4月》，第94页。
　　③　莫特尔曼：《宗教、革命和将来》，第130页。

换句话说，最终目的判断了手段，而结果决定暴力的正义性。手段的好坏在乎其成效，武装的正义性或错误性不是在乎它们的根源，而是根据它们的结果来判定。莫尔特曼断言："革命性暴力必须被革命的人道目标和在它们的非人化'裸露力量'里暴露的现存权力结构所判定。"①然而，什么是革命的人道目标？它是不是一个定量的人道目标，也就是为最多数人民的最大利益，如功利主义者杰里米·本瑟姆（Jeremy Bentham，1748—1832）所建议的，或者它是不是一个定性的人道目标如约翰·斯图尔特·米尔（Stuart Mill，1773—1836）所建议的一个快乐的人比一头快乐的猪更有价值，②一头猪没有道德自由，一个人却有。甚至，如果一个人没有达到他自己的最高利益。根据米尔，一个人被允许生活于他自己的自由选择去做坏事也比强迫他做好事要来得好。莫尔特曼认为，被压迫者在本质上比压迫者更有价值，被镇压者的解放比保存传统更人道。如果根据这个标准，甚至保罗都达不到如此要求，因为他鼓励："你们作仆人的要惧怕颤惊，用诚实的心听从你们肉身的主人，好像听从基督一般。不要只在眼前事奉，像是讨人喜欢的；要像基督的仆人，从心里遵行上帝的旨意，甘心事奉，好像服事主，不像服事人。因为晓得各人所行的善事，不论是为奴的，是自主的，都必按所行的得主的赏赐。"③

　　一个定义善或对的解决方案是以上帝的意旨来衡量事件是否对或错，并且肯定上帝的意旨是基于他的道德本性。上帝愿意一

---

　　①　莫特尔曼：《宗教、革命和将来》，第143—144页。

　　②　约翰·斯图尔特·米尔：《功利主义》（John Stuart Mill, *Utilitarianism*, New York: Meridian Books, 1962）。

　　③　《以弗所书》6：5—8（和合本，英文自 RSV，下同）。

名基督徒对他的同胞负责，①对该隐的问题"我岂是看守我兄弟的吗"？回答是清楚的："是。"责任不仅是保护无辜生命，也包括为其他人积极行善。②保罗劝诫信徒彼此相爱，他说："各人不要单顾自己的事，也要顾别人的事。"③"你们各人的重担要互相担当，如此，就完了基督的律法。"④ 实际上，基督之爱不仅扩充到精神领域，而且也涉及肉体；不仅是天堂，而且是俗世；不仅是个人，而且是社会。基督的命令是为全人向全世界宣扬整全福音。一个基督徒的关注范围是从一个人自身⑤延伸到他的家庭，⑥ 然后到他的同胞信徒，⑦到所有的人。⑧所有的人包括穷⑨

---

① 《马太福音》5：43，44；22：39；路加福音10：29及其后。

② 根据耶稣，正是旧约教导一个人负有爱他的邻舍如同自己的责任，耶稣说爱是道德律的本质（《马太福音》22：39）。他甚至说旧约道德的总纲可被简化为这黄金规则（《马太福音》7：12）。参考诺曼·盖斯勒的《伦理：选择和问题》（Norman Geisler, *Ethics: Alternatives and Issues*, Grand Rapids: Zondervan Publishing House, 1971），第178—195页。

③ 《腓立比书》2：4。

④ 《加拉太书》6：2，10。

⑤ 保罗说："从来没有人恨恶自己的身子，总是保养顾惜，正像基督待教会一样。"（《以弗所书》5：29）这是一个合适的自身爱概念，它对社会爱的概念是基本的，一个人需要先照顾好自己，之后他才能照顾好别人。

⑥ 保罗说："人若不看顾亲属就是背了真道，比不信的人还不好；不看顾自己家里的人更是如此。"（《提摩太前书》5：8）"信主的妇女若家中有寡妇，自己就当救济他们，不可累着教会，好使教会能救济那真无依靠的寡妇"（《提摩太前书》16节）。其要点是对贫穷和极度贫困人的主要社会义务不落在教会或政府而在于其直接的家庭。

⑦ 保罗说："所以有了机会，就当向众人行善，向信徒一家的人更当这样"（《加拉太书》6：10）。

⑧ 保罗说："又要嘱咐他们行善，在好事上富足，甘心施舍，乐意供给人"（《提摩太前书》6：18）："只是不可忘记行善和捐输的事，因为这样的祭是神所喜悦的"（《希伯来书》13：16）。

⑨ 耶稣说："因为常有穷人和你们同在，只是你们不常有我。"（《马太福音》26：11）

人、奴隶和被压迫者。[1]

　　基督徒也对执政和掌权者负有责任,[2]进而,基督徒被鼓励为促进和平与道德付起责任。[3]对自然界的环境生态学而言,圣经诫命是为着上帝的荣耀去管理万物,基督徒需要负上应尽的本分,做大地的好管家。[4]唯有上帝话语的全部诫命能完成全人在全世界的需求。

------

　　① 基督徒是去保卫被奴役者和被压迫者的,保罗说:"并不分犹太人、希利尼人;自主的、为奴的;或男或女;因为你们在基督耶稣里都成为一了。"(《加拉太书》3:28)莫特尔曼和解放神学家们经常援引的迁离记录加强了上帝对被压迫者的解放的关注,"让我的人民离去!"代表了上帝和每个基督徒的心意。

　　② 对权威有三重责任:服从、尊敬和付税给他们。保罗说:"在上有权柄的,人人当顺服他,因为没有权柄不是出于上帝的。凡掌权的都是上帝所命的。"(《罗马书》13:1)又:"你要提醒众人,叫他们顺服作官的、掌权的,遵他的命,预备行各样的善事。"(《提多书》3:1)类似地,彼得说:"你们为主的缘故要顺服人的一切制度;或是在上的君王,或是君王所派罚恶赏善的臣宰。"(《彼得前书》2:13—14)一些人会为公民在反神政府时期不顺服的合法性争辩(Francis A. Schaeffer,《基督徒声明》,*A Christian Manifesto*,Westchester, Ill.:Cross-way Books, 1982,第89—132页)。

　　③ 保罗说:"我劝你第一要为万人恳求、祷告、代求、祝谢;为君王和一切在位的也该如此,使我们可以敬虔端正,平安无事的度日。"(《提摩太前书》2:1—2)耶稣说:"使人和睦的人有福了,因为天国是他们的。"(《马太福音》5:10)

　　④ 这是生态学的基督教认识,发现于《创世记》1:28:"上帝就赐福给他们,又对他们说:'要生养众多,遍满地面,治理这地;也要管理海里的鱼、空中的鸟,和地上各样行动的活物。'"即使这个命令在人类堕落前下达,它仍然让人握有理智使用自然的责任。有关对生态神学或绿色神学的一个福音派回应,参考亨利·H. 巴涅特《教会和生态危机》(Henlee H. Barnette, *The Church and the Ecological Crisis*, Grand Rapids:Wm. B. Eerdmans Publishing Co., 1972,第62—81页)。其他包括康拉德·博尼法兹《物件的神学》(Conrad Bonifazi, *A Theology of Things*, Philadelphia:Lippincott, 1967);H. 保罗·桑瑟姆《地球兄弟》(Paul Sanmore, *A Theology Brother Earth*, New York:Nelson, 1970);埃里克·拉斯特《自然:伊甸园或沙漠?》(Eric Rust, *Nature*:*Eden or Desert*? Waco, Tex:Word, 1971)。

小　结

　　莫尔特曼的希望神学是试图在圣经神学上建构他的体系，并且唤醒教会的历史性意识；他尝试将神学以应许原则重新定位，向一个无望的世界宣扬希望的信息。然而，莫尔特曼的希望神学也存在一些严重的局限：他的辩证方法以本质语言为代价在社群关系的词汇里再定位和重新为三位一体定义时，牺牲了本质的丰富词汇。他的终末论方法把神学问题混淆成了一个语文的时态，这样就鼓吹了将来的优先权。他的苦难方法把经典有神论误传为无悲情的上帝观。他的社会—政治方法是把整个基督教生活简化为实践和革命。

　　布洛赫总结得好：我对莫尔特曼的救恩教义明确地有所保留，基督带来的解放只被定义为"民主人权"、"身份的确认"、"与自然和谐"和"生存的勇气"。这些定义是否能与宗教改革后的神学调和仍是一个疑问。他进而论及不信神的人在十架上被上帝所弃的那位流露出的爱而得以称义，但莫尔特曼却不强调上帝的公义借着在历史上基督的救赎而献上的挽回祭。①

---

　　① 唐纳德·布洛赫：《莫特尔曼：激进的重新阐释》，《今日基督教》28（Donald Bloesch，"Moltmann：Radical Reinterpretations"，*Christianity Today*）。

结论　忧患意识

疏离的人生带进莫明的愁苦，许多的叹惜使人感到"山穷水尽疑无路"。前路茫茫然不知所措，不少的人都会因此而自甘堕落。一个人活着没有指望，此人的生存也没有力量。倘若我们身处漆黑的环境，内心充满恐惧不安，我们就失去动力继续走下去。于是，在困苦中有人会厌世自杀。

基督教的三个重点信、望、爱，代表着《圣经》对过去、现在、将来的圆满透视（《哥林多前书》13：13）。历史是线形发展的，现在统摄了过去的总和、也开展了未来的可能。《圣经》指出："如今常存的有信、有望、有爱，这三样，其中最大的是爱"。爱是最大，因为爱统摄了信心与盼望、过去与未来。爱就是"永恒的现在"。这种线形历史观及爱为永恒现在的观念，能够化解人对过去的罪疚感，亦能启导人果敢地面对未来的恐惧感。

古希腊的历史观认为时间是循环不息、周而复始地转动着。荷马（Homer）的长篇史诗、史学之父希罗多德（Herodotus，公元前五世纪）、历史学家修昔底斯（Thucydides，公元前五世纪）、柏拉图（《国家篇》，269c）、亚里士多德、波利比阿斯（Polybius，公元前二世纪之《历史》，三十八章，21—22 段）等希腊学人皆以历史巨轮去描述时间、事件、人事的循环轮回之观念。罗马史学家李维（Livy，公元前59—公元后17）、塔西佗（Tacitus，54 – 116 A. D.）也是以圆形的循环历史观去解释。圆形循环的历史观（Cyclical Historiography）的希望只是在乎等候此循环过去后，另一循环的复出。譬如一年四季的流转，冬去春来的回复，人类在严冬寒夜时的希望乃是大地的回春。可是这种圆形循环的历史观不能产生目的论及未来说，更不能提到末世论。时间的法轮常转，人只能冀望从此循环中解脱出来。然而，《圣经》所开展的线形历史观——以创世为始，十架救赎为中心，主耶稣再来为终结，即根本上与圆形历史观不相同。时空的延伸不再只是循环流转，上下四方谓之宇、古往今来谓之宙的宇宙时空，充满着上帝创造的计划与目的。一个人的一生也是与整个宇宙的进展息息相关。

德国神学家莫尔特曼就是生于忧患中，为第二次大战希特勒政权所作的暴行进行反省。他与一切受压迫及在苦难中之人们认同，提出这位被钉在十字架上的耶稣，就是满有悲情的上帝，祂主动地介入人类的历史中。过去神如何在历史中拯救被压迫的人们，如今也同样可以在我们的苦难中施行拯救。这位《圣经》所启示的上帝，可以成为人类今日及将来的希望。莫氏所著的《希望神学》（1967）、《被钉十架的上帝》等，都是以希望为主题，去探讨基督教之信息如何能够适切现代人的需要，尤其是在苦难中生活的人们。

《圣经》所启示的上帝乃是充满悲情的，祂与人共渡忧患，因为祂也是常经忧患，曾在十字架上经历过世人所体验的痛苦。故此，我们可在绝处中逢生，相信上帝能介入人类历史中，我们有一信念：希望总是在人间的。"柳暗花明又一村"的体验是实在的，因为这位创造主，也是受苦的救赎主。人活在世上是有指望的。宗教的信念影响着人的道德生活，社会参与，死生的观念，苦难的态度。

疏离与复和之苦罪说

中国传统的哲学以陷溺之观念去引出恶的来源。孟子提倡人

亲恶避善主要的原因:"非天之降才尔殊也,其所以陷溺其心者
然也"(《孟子. 告子上》)。他认为人的本性皆为善,人心后来
才沦陷于欲望中而为恶。孟子以先验的性善及陷溺其心的进路去
分解恶的来源,颇接近基督教所提倡人是按着上帝的形象被造,
故拥有被造的善性。此善性(神的形象)涵盖了人的自由意志,
且内涵着人可能会误用此自由而导致失落。克尔凯郭尔(Ki-
erkegarrd)称之谓"罪的可能性",其他的神学家称作"疏离的
中性基础"——即此内涵但未实现的疏离可能性,成为了后来
神与人疏离的基础。①

克尔凯郭尔进一步以实存的精神,去阐称《圣经. 创世记》
有关人类堕落的事迹。他指出人是从被造的善性或称为"原善"
堕落了,此善性原为完整无缺的纯真本性,竟然变成残缺不全、
肢离破碎。于是人进入一个疏离的境况里,与上帝疏离、与人疏
离(包括了与自己及他人)、并与世界也疏离。上帝既是生命之
源,与上帝疏离即是与生命的根源隔绝,难怪《圣经》直言,当
人犯罪疏离神的时候,就"必定死"(《创世记》2:17)。死亡
就是疏离,除了肉身上的死以外,尚有心灵与上帝疏离,并且永
远与神隔绝。保罗形容一个人若与上帝疏离,就是"死在过犯罪
恶之中"(《以弗所书》2:1)。再者、"死的毒勾就是罪"(《哥
林多前书》15:56),因着人所滥用之自由,罪就如毒勾般把人刺
透,使人不独要面对罪的结果,更要承担死亡的事实。

与上帝的关系疏离后的人类,不期然地产生出恐惧。帕斯卡
尔(Pascal)一语道破地指出:"无边空间的永远孤寂,使我充满

---

① 克尔凯郭尔(Kierkegaard):"The possibility of guilt", *The Concept of Anxiety*,
Princeton: Princeton University Press, 1978, p. 19; Paul Ricoeur "The Neutral Basis of Al-
ienation", *Fallible Man*, Regnery: Chicago, 1965, p. 3。

着恐惧"。①与上帝和好的世界本来是井井有条的，人的内心充满着生命的光辉，并且人生是有意义的。然而、当人与上帝疏离后，人生就变成"虚无海洋中虚空之泡影"（萨特）。生命的光辉熄灭了，黑暗的权威弥漫着人生，整个世界也因此而失去其原先所有的规律。

彼得 柏格（Peter Berger）称此种心理的疏离为"本体的疏离"（Ontological Alienation），②就是因为人与造物者的关系隔离后所产生的心理恐惧。人失去了原有之安全感，因为他经已从原先崇高的地位上堕落下来了。近代实存主义多从存在的层面为进路，去探讨人自我疏离的体验，而忽略了本体的层面。他们认为人是处于一种不相应的存在状态中，海德格尔（Heidegger）称之谓"堕陷性"，萨特（Satre）称谓"自欺信念"。这不相应的存在状态就是人自我的疏离。

薛华（Schaeffer）更进一步提出心理的疏离或自我的疏离，皆是源于本体的疏离，就是人与上帝的关系基本上隔离了③。此种失落感导致人也同时失去了信心，他再不能相信宇宙是有秩序规律的、真理是有整全的解释的、神与人及人与人的关系是和好的、人与世界并非对峙的。这般原先的信任，使人内心产生归属感与安全感，可惜因着与造物者的疏离而失去了。人也因此进入深层的失落感中，没有依归，也没有安全。不过，人并非永远在此疏离的境况中哀鸣，人是有盼望的。

---

① 帕斯卡尔（Blaise Pascal）：*Pensees*, Garmier：Paris, 1973, No. 391。

② 彼得 柏格（Peter Berger）：*A Rumour of Angels*, New York：Allen Lane, 1969, pp. 67 - 68。

③ 薛华（Francis Schaeffer）：*How Should We Then Live?*, New Jersey：Fleming H. Revell Company, 1976, pp. 182 - 203。萧保罗译：《薛华的心灵世界》，台湾雅歌出版社, 1994, 页35—48。

忧患意识与爱的契合

中国人从"经验的疏离"层面上，提出忧患的意识。孟子从"苦心、劳筋、饿体、乏身、乱为"等人生体验中，肯定地指出"生于忧患，死于安乐"（《孟子．告子下》）的道德意识。徐复观更进一步指出中国文化的根源精神，源于对困难尚未突破时的心理状态。徐氏冠称为"忧患的意识"，此忧患意识引动了人的道德意识。[①]人自觉对困难有承担的责任感。牟宗三指出这乃是国人所谓"临事而惧，好谋而成"（《论语》）。这般认真负责的态度进而引发出戒慎恐惧的"敬"之观念。牟氏认为敬的道德表现乃是"敬德"及"敬天"。天命、天道也因着人对困难所产生的忧患意识，步步下贯，贯入人的主体生命中。[②]

这种以"经验的疏离"之心理状态而产生的忧患意识，显然与《圣经》所言"本体的疏离"，而导致心理的恐惧有所不相同。牟宗三认为基督教是源于人面对苍茫之宇宙时，油然产生恐怖的心理，此恐怖的宗教意识催使人在神前哀求宽恕，并向神投注信靠的心。但事实上，基督教只是将人的"经验疏离"之心理状态，立足于终极的"本体疏离"的关系上。因为人滥用了神所赋予道德自由的意志背叛了神，致使人沦入"本体上的疏离"之情态中，以致于经验上产生"忧患"、"恐惧"等心理状态。

上帝与人原先是和好合一的，两者的关系乃是爱的交流。上帝将祂的道德本性，贯注入人心，使人能够成为真实的道德本体。故此，在伊甸园中，上帝与人之关系是没有惧怕的。然而，

---

① 徐复观：《周初宗教中人文精神之跃动》，原载《民主评论》第十一卷，第二十期；《中国人性论史》，台湾东海大学，1963。

② 牟宗三：《中国哲学的特质》，台湾学生书局，1978，第9—18页。

当人妄用了他的道德自由，违背了上帝的道德标准后，他与上帝的关系疏离了。因此，以后的人类即活在恐惧、忧患的心理状态中。不过，上帝并没有因着"本体的疏离"而进入与人"经验的疏离"中，致使与人完全的隔绝。基于上帝爱的本性，人也是被创造为可以去接受爱及施与爱的。起先上帝与人的关系是爱的契合，继后当疏离破损了此爱的契合，上帝仍主动地去以爱来复合这疏离的关系。故此，《圣经》所记述的历史乃是"契合、疏离、复合"的圆满历史。使徒约翰如此写道："这样，爱在我们里面得以完全，我们就可以在审判的日子，坦言无惧，因为祂如何，我们在这世上也如何。爱里没有惧怕，爱既完全，就把惧怕除去，因为惧怕里含着刑罚。惧怕的人在爱里未得完全。我们爱，因为神先爱我们"（《约翰一书》4：17—19）。

爱能克服"经验的疏离"与"本体的疏离"，使疏离者复合为一。爱成为了贯穿天人合德的动力，使上帝与人可以合而为一。这是人的希望——"就是基督在你们心里成了有荣耀的盼望"（《歌罗西书》1：27）。

信心之跨越

信心并非宗教的专利范畴，一个科学家在实验室作研究时，也需要对所操作的仪器有信心。我们乘坐飞机时，虽然不懂得飞机的结构，对气流动力学也一窍不通；但是我们仍然会乘坐飞机，相信飞行驾驶员拥有专业的飞行经验，我们甘愿将自己的性命托付给他，相信他会平安地降落目的地，其实这般的信心是颇大的。[1]

---

① 潘能伯格（Panenberg）：《人是什么——从神学看当代人类学》，上海三联书店，1997，页27—30。

《左传．桓公六年》有以下一段记载："所谓道，忠于民而信于神也"。中国人言信，多以忠诚为基本意义。《论语．学而》谓："敬事而信"，即一般人所谓要守信。《论语 为政》又言："人而无信，不知其可也"。所以、以人的观念去形容信则是诚、忠、礼、义的意义。若以近代的用辞，信者即是委身也。

"信于神"即是对神的委身，这也是《圣经》记录主耶稣呼召祂的门徒："来跟从我"（《马太福音》4：19）。当时的门徒领受了耶稣的呼召，毅然放下一切来跟从祂。相信神，就是与神进入一个亲切的关系内。《旧约》用 berith 来形容这个关系，此字一般可译作"约"，上帝与人进入了一个立约的关系中。其实、《圣经》又称为"两约全书"，其重点在乎这"约"的关系上。

正如《创世记》所记载上帝与亚伯拉罕立约（《创世记》12：1 - 3），当时的亚伯拉罕已经年事老迈，妻子亦断了经，不可能生育。但是神却与他立约，应许他的后裔会如天上的星、地上的沙之众多。那时亚伯拉罕尚未有亲生的子女，此应许的约实在是不可思议的。然而，《圣经》记述："亚伯兰信耶和华，耶和华就以此为他的义"（《创世记》15：6）。亚伯拉罕将自己完全地委身于神，投靠神的大能。

克尔凯郭尔直言信心乃是全人全情的投靠之心志，海德格尔谓一个人面向有限及死亡时，他的良心引发出的决心，就是信心了。[1]萨特称信心为委身投入。[2]美国的实用主义詹姆斯称之为"信心的意志"。[3]罗伊斯称信心为"忠诚的哲学"。[4]

---

[1]　海德格尔（Heidegger）：《存在与时间》，三联书店，1987，页343。

[2]　萨特（Jean - Paul Sartre）：《存在与虚无》，三联书店，1987，页553。

[3]　詹姆斯（William James），*Selected Papers on Philosophy*，London：Dent 1917，p. 99。

[4]　罗伊斯（Josiah Royce）：*The Problem of Christianity*，New York：Macmillan，1913，p. 252.

中西哲人以及《圣经》的启示，都不约而同地指出信心乃是一个人不可缺少的部份。信心甚至涵概了理性的冒险、意志的委托与行为的参与。信心也就是全人对某事或某人，全情的参与。尤其是人与人之间，充满着情、意、志的相互关系，信心更可以将人的心灵品格提升。基督教并非单是相信一系列的教条信经就够了，《圣经》所展示的乃是向主耶稣基督付出全然的委身，去跟从祂。故此、《圣经》说："人非有信，不能得神的喜悦"（《希伯来书》11：6），又说："义人因信得生"（《罗马书》1：17）。当人面向死生苦罪的时候，理性及意志皆薄弱不足，然而人仍然可以由内心肯定神，以信心去跨越苦难。

跋

该书是作者早些年的一部英文书稿转译而成。由于校订的机缘，我得以先睹为快。

和区应毓教授相识是几年前来加拿大多伦多以后。温伟耀教授介绍我们认识，区教授说他二十年前就读过我的书。后来他邀请我去加拿大华人神学院兼课，我们有比较多的机会见面交谈，也先后合作过几门课程。稍后我在多伦多大学筹组"基督教与中国"研究中心，区教授也参与其中。

加拿大华人神学院隶属于 Tyndale 大学，曾经是加拿大大学建制里唯一的一所华人神学院（几年前又在加拿大中部开了一家姊妹校）。2007 年区教授接手高云汉前辈执掌"加神"。Tyndale 大学的前身是有一百二十年历史的 Tyndale 神学院。"加神"一方面秉受西方神学教育法统的约束，另一方面也刻意应对华人神学特别是教牧神学的处境。和某些附设于大学的神学院片面地把神学处理成一门"理论学科"不同，"加神"非常关注同学们的属灵成长和布道宣教的实际训练。区应毓院长则更是言传身教。

加盟"加神"任课和与区教授来往，首先印象深刻的是他襟怀坦荡，一切以"加神"和华人神学/教牧人才培养为重，在贞定福音信仰的前提下不拘宗派/门派，更不会以个人的远近亲疏为念，凡是北美教育背景或治学有特色者，总是希望网罗到"加神"或多或少教授点儿课程。

区教授对于中国大陆基督教发展有强烈的担负。早在上世纪九十年代初期，他就进入中国大陆从事神学培训，近些年更是足迹遍布大江南北，也与几所大学和神学院建立了稳定的合作关系。他也经常应邀赴美国、欧洲、东南亚等地授课或讲道。可以想象，兼有神学教授、著名牧师、院长等诸种身份，他的生活是忙碌的，有时一个周末就有七八场讲道。在忙碌的生活中，他时刻关心周围的人和事，记住人们的困难、请托、当下处境等等。他儒雅谦和，进退有度。"礼失求诸野"。基督教会绝对不会摧毁中国文化，恰恰相反，只有经历教会生活，才有可能荡涤数百年集聚起来的污垢和恶臭，使得中国人和中国文化的某些优良素质得见天日。这是我近年来教会生活中常常想到的。

巴特和莫尔特曼无疑是二十世纪基督教神学的两座峰巅。两位风格迥异，神学入手处亦完全不同：就实质而言，巴特仍然是依从于传统教义学的路数，此在神学主题结构安排上始于使徒信经和尼西亚信经，作为结构形态的充分展示，则有十二世纪伦巴德（Peter Lombard）的巨著《四部语录》，尽管巴特的阐释是充分现代且思辨的。就近现代神学发展而言，巴特系统首先关涉到对于施莱尔马赫等人的"更正"和扭转。莫尔特曼系统则开始于方法论检讨，即所谓"绪论问题"，尽管他似乎并没有由于清理喉咙太久而使得听众们厌烦。巴特的系统崇高严正，壁立千仞，中流砥柱于流俗哲学和文化的袭扰，试图使神学一无依傍，完全立足并成全于"神的话语"。此方面，他似乎具足唐吉珂德似的勇气。浸染于巴特系统，也会使人感到压抑。以个人的阅读感受为例，合上巴特卷叠浩繁的《教会教义学》，转读莫尔特曼，我似乎长长的舒了一口气。

巴特是"先知"，莫尔特曼是"使徒"；巴特是二十世纪唯一的"先知"，莫尔特曼当然不是二十世纪唯一的"使徒"。

人们大概会很高兴从巴特进入到莫尔特曼，后者似乎平和、亲切得多，并且很多讲述我们"似曾相识"。莫氏神学由巴特的"纵

贯"系统,转为"横摄"系统①:神学的焦点和使命似乎不再是仰
望上苍,而是要"向前"盼望(也要"左顾右盼"),关注、切入和
参与现实的社会历史脉络,与现实生活中的苦难者、被压迫者、屈
辱卑贱者同行,和他们一道抗争社会历史中的种种不义和强暴,更
和他们一起盼望——这不是神学的流失,而是基督教神学的本分,
是十字架上的耶稣基督所启示我们的。莫尔特曼神学系统的很多方
面都是直接针对巴特。莫氏希望神学也正是发端于巴特神学开始丧
失其主导地位的时期。至少表面看来,神学似乎在巴特那里有多么
"神化",在莫尔特曼这里就有多么"人化"。此种"人化"自然也
很难避免"人类学化"或"人类中心"一类指责。

　　近代以来,人们经历了诸种诠解上帝的尝试:理念的,绝对精
神的,宗教经验的,良知的,伦理的,存在领悟;莫尔特曼独辟
蹊径,给出了一个"历史的"上帝。诠解一个"历史的"上帝,而
又能够不丧失(反而强化了)"终末"盼望和某种超越祈向,这是
莫尔特曼神学的高明之处。莫尔特曼强调上帝不是在"我们之上"
或"我们之内",而是在"我们之前"。希望神学把基点放在作为终
末的"未来"。这未来不是时间的终点而是时间的"源点",时间是
由未来流向现在。过去→现在→未来的时间维度,只能够使"未来"
奠基和受制于人类经验,作为时间"源点"的未来却是"迎面而
来",是终末论的未来,是上帝的全新创造,是惊喜、新奇和无限的
可能性,完全超越于我们已经经验的、正在经验的和有待经验的。

---

　　① 与肯定"盼望"的水平维度有关,莫氏刻意针对"纵贯"的讲述,他批评巴特、
布尔特曼等人的终末论与此有关,莫氏基督论更突出地体现这一点。莫尔特曼认为,传统
神学主张"宇宙基督论",从普遍永恒的"道"切入讲述耶稣基督,这是"由上而下"的
讲法;近代神学则多主张"人的基督论",把拿撒勒人耶稣作为讨论的开端,这是"由下
而上"的讲法。这两种讲法都是垂直、纵贯式的,而莫氏主张基督论应当在水平、横摄的
方向展开,这就是他"向前的基督论"。相关讨论,参见莫尔特曼《耶稣基督的道路》
(*The Way of Jesus Christ*, San Francisco: Harper & Row, 1990)。

正是作为时间"源点"的终末未来使得人类历史中的时间真正成为有限的时间。未来也不是历史的终点而是全新创造的"开端"。也正是这"开端"使得人类历史被彻底地"历史化了",弃绝和阻塞关于人类历史的种种幻象或幻想,这可以广泛地包括布洛赫的历史乌托邦,黑格尔、马克思的历史终结论,各种类型的"千年王国"或"新时代"梦想,天启式的世界末日和灾难说,俗世主义或神秘主义的末世论,等等。"历史"一定会"终结",可是这"终结"却不会发生在历史之内,不会发生在你我他之间。终末未来是历史的未来,而非未来的历史:未来的历史只是人类历史的延伸,是由我们在有限的历史时间中经历的过去和现在形塑和决定的;而终末未来是不能够被历史化的——终末未来是过去的未来,现在的未来,也是将来的未来。人类历史只能够在我们对于终末未来的盼望中被赋予完整的意义。"迎面而来"的终末未来与人类历史只能够是某种"相遇"的关系。这不是存在主义意义上的"相遇",如布尔特曼;甚至于也不是某种"永恒瞬间"意义上的相遇,如巴特。这是群体的、整体的、"历史性"的"相遇"。终末未来是"新天新地"。这"新天新地"不可以视为人类历史的延伸,更不可能依据过去/现在的历史经验去规划设计,它只能是异质的、他者的、超越的,"迎面而来"的。这"新天新地"意味着自由、解放,全新的创造和全然的惊喜。《以赛亚书》43 章 18—19 节:"你们不要记念从前的事,也不要思想古时的事。看哪,我要做一件新事。"为什么"从前的事""古时的事"不再重要?因为这里所说的"新事"不属于"历史",恰恰相反,它将使我们克服和摆脱历史的"捆绑"。十字架上受难复活的耶稣基督所启示的正是这"新天新地"的讯息。历史告诫我们,任何基于人类历史延伸的"新天新地"都只能是一种空前的灾难,无论是希特勒的"第三帝国"还是别的什么。"来临的不管是什么,站在终点处的总是上帝。这是关于希望的教义,它与现代预言家和恐怖主义者所提出的关于世界毁灭的幻象毫无瓜葛。"①上帝从作为未来的终末向我们走来，作为未来的终末就是上帝的存在。

终末也并不意味着对于这个世界的毁弃和颠覆，而是更新、创造和转化。莫尔特曼一再引用《启示录》21 章第 5 节："看哪，我使一切都更新了!""那么，与以前所不同的是甚么呢?首先，与上帝的关系将有所不同。创造其作品的造物主将住在其造物之中，临到他的憩息处。他的'内住'（Shekinnah）将进驻天地，并将更新天地，使它们成为上帝的宇宙圣殿。然后，上帝的荣耀将内住于万物之中，照亮所有造物并使之变形。"②重要的在于：希望似乎不只是在天上，也在地上——大地并没有被摧毁或遗弃，而是在全新创造的意义上被更新和救赎。这应当是耶稣基督"道成肉身"启示所蕴含的。我们是在历史中盼望，最终所盼望的也真正"进驻"历史。"新天新地"并不是发生在另一个世界，我们就在这个世界中经历更新、转化和上帝的全然临在。③莫尔特曼拒斥没有"世界"的救赎。上帝彻底圣化了这个

---

① 莫尔特曼：《世界正面临终结抑或其未来已然开始? ——基督教、现代乌托邦主义和毁灭论》，引自莫氏 1999 年 10 月在香港汉语基督教文化研究所的演讲词，周围翻译。

② 同上。

③ "新天新地"涵盖自然宇宙及所有被创造物，不是另一个世界，也不只是"人"或"人类"，而是这个"世界"作为整体经历更新、转化和救赎。这主要关涉到后期莫尔特曼的思想，关涉到他的空间神学，它或许是莫氏神学中思想来源最复杂的一部分。Shekinnah（舍金纳）原属于犹太人的圣殿神学，指上帝在空间中的临在（"内住"）。对于莫尔特曼，上帝在终末未来作为全新创造的临在似乎也并不意味着"世界"与上帝界限的全然消失，而是某种"互渗寓居"，上帝在世界里边，世界也在上帝里边。《启示录》21 章 3—4 节："看哪，上帝的帐篷在人间，祂要与人同住……上帝要擦去他们一切的眼泪：不再有死亡，也不再有悲伤、哭号、疼痛，因为以前的事情都过去了。"莫尔特曼的相关论述很容易使人们联想到德日进的"大地神学"。莫氏欣赏德日进"宇宙性基督论"的视野和情怀，却批评他耽于"进化"，而疏于"救赎"，毕竟进化是强者的逻辑，而救赎则是弱者的盼望。（参见莫尔特曼《当代的基督》，台北雅歌出版社 1998 年版，第 100 页）

世界，神圣的大光普照环宇，则时时刻刻都是永恒！黑格尔"辩证神学"可以立足于"有限"（在完备的意义上）成为"无限"的自我显现，而肯认时间与永恒的"辩证和解"，可是他力图在历史之内"终结历史"，把落脚点放置在现实的普鲁士王国，这在很大程度上窒息了黑格尔"辩证神学"的革命性和批判性。

莫尔特曼神学通常被归属于"万有在神论"，这特别是关涉于他的《创造中的上帝》一书。不过有一点有待分疏。当代万有在神论者或多或少都表现出圣化这个世界的趋向，就历史脉络而言万有在神论也更多地是体现在东方基督教传统中。莫尔特曼拒绝圣化这个世界：作为终末的"未来"只能够出现在盼望中，尽管此"未来"已经通过耶稣基督的十字架显示出现实的基础和力量；终末未来对于"现在"是超越的，其间包含有无限的差异。希望神学本质上是革命的、批判的。我们身处的是一个充满了不义、恶行，令人沮丧且难以忍受的世界，莫尔特曼宣称："我们只能以革命方式对人的未来负责"①。抗争和行动（而非忍耐和顺服）就是在历史中参与上帝的终末未来。

区教授早年曾经在加拿大多伦多大学师从犹太哲学家埃米尔·法肯涵（Emil Fackenheim），后在美国达拉斯神学院获得哲学/神学博士学位。他也曾经在美国南方卫斯理大学师从鄂顿（Ogden）和哈茨霍恩（Hartshorne）精研怀特海，目前也正在撰写研究怀特海及谢扶雅周易神學的著作。他在教学与布道的忙碌中始终笔耕不停，已经有多种著作在海内外出版。

比较莫尔特曼希望神学在世界范围内（包括在韩国等东亚地区）的广泛影响，相对于中国教会神学而言，我们却可以说

---

①　莫尔特曼《宗教、革命和未来》（*Religion, Revolution and the Future*, New York：Charles Scribiner's Sons, 1969），第130页。

莫尔特曼是孤寂落寞的。华人福音神学家似乎多对于莫尔特曼兴
趣索然。站在福音神学家立场上认真探讨和回应莫尔特曼神学的
著述，更是寥落星辰。所以，区教授的大作具有特殊意义。国内
学术界对于福音神学缺乏了解也颇多误解，该书也展示出福音神
学家的胸襟、视野和包容性。

　　该书的主要特征在于站在福音神学家的立场上全面解析（尽
管某些部分失之简略）和回应莫尔特曼希望神学。该书所从事的
绝对不是流俗意义上护教式的（亦常常流于简单化的）批判和拒
斥，借用莫尔特曼用语，我们毋宁说本书作者追求的是更高基点
的"辩证和解"。书中对于莫尔特曼的"辩证和解"、历史意识、
苦难神学、社会向度和希望终末论等等，都有深度的解析和充分
的肯定。同时指出，如果莫尔特曼把他的方法论原则贯彻到底，
他本应该在希望神学和他所谓"传统神学"之间有一个更高形态
的"辩证和解"，在很多重要原则上不应该也不可能出现非此即彼
的简单抉择。例如，莫氏声称启示语言只能是"希望语句"而不
再是描述语句，基督教神学只能是"道途神学"而不再是"故土
神学"。而实际上，他所谓"希望语句"必然已经预设了（述说
真理的）描述语句，他所谓"道途神学"也必然已经预设了（揭
示永恒的）"故土神学"，"道途"的前提是必须拥有关于港湾的
某种知识，否则的话，希望神学岂不成了盲人引路？

　　该书是作者早些年的著述，使用的资料限于英文和德文，而
不及于汉语学术界的研究成果，这是本书的不足之处。

　　作为"跋"，这篇文字已经算不上简洁。让我们重复莫尔特曼
的语句作为结束："来临的不管是什么，站在终点处的总是上帝。"

郑家栋
多伦多大学"基督教与中国"研究中心
2014 年圣诞前夕